翻译前沿研究系列丛书

本书出版受广东省哲学社会科学规划项目（GD15CWW07）
及国家留学基金项目（［2017］5087）资助

翻译中的博弈与历史书写
——《红星照耀中国》汉译研究

Game Theory and Historical Writing in Translation
— A Study on the Chinese Translation of *Red Star Over China*

阳鲲◎著

中山大学出版社
SUN YAT-SEN UNIVERSITY PRESS
·广州·

版权所有　翻印必究

图书在版编目（CIP）数据

翻译中的博弈与历史书写：《红星照耀中国》汉译研究/阳鲲著. —广州：中山大学出版社，2019.12
（翻译前沿研究系列丛书）
ISBN 978-7-306-06822-4

Ⅰ.①翻… Ⅱ.①阳… Ⅲ.①翻译—研究 Ⅳ.①H059

中国版本图书馆 CIP 数据核字（2019）第 301441 号

FANYI ZHONG DE BOYI YU LISHI SHUXIE

出 版 人：	王天琪
策划编辑：	熊锡源
责任编辑：	熊锡源
封面设计：	林绵华
责任校对：	赵　冉
责任技编：	何雅涛
出版发行：	中山大学出版社
电　　话：	编辑部 020-84110779，84110283，84111997，84110771
	发行部 020-84111998，84111981，84111160
地　　址：	广州市新港西路 135 号
邮　　编：	510275　传　真：020-84036565
网　　址：	http://www.zsup.com.cn　E-mail: zdcbs@mail.sysu.edu.cn
印 刷 者：	广州市友盛彩印有限公司
规　　格：	880mm×1230mm　1/32　6 印张　180 千字
版次印次：	2019 年 12 月第 1 版　2019 年 12 月第 1 次印刷
定　　价：	35.00 元

如发现本书因印装质量影响阅读，请与出版社发行部联系调换

自 序

博弈论是一种决策理论，在我们生活的方方面面都有应用，当两个人、两个企业、两个国家就某一件事做决策并且要考虑对方的反应时，就形成博弈。系统研究博弈的理论为博弈论。博弈论的研究对象是人与人之间行为的相互影响和相互作用，人与人之间利益的冲突、竞争与合作。作为一种跨语言、跨文化的交际活动，翻译中包含人与人之间利益的冲突、竞争与合作，因此翻译中也存在博弈，博弈论能为描写翻译研究提供启示。翻译中包含意识形态、政治、权力等的博弈。译者、赞助人以及出版中介的意识形态都足以改变翻译产品的最后形态，翻译不可避免地要被改写。

美国人埃德加·斯诺在 1936 年 6 月至 10 月间，作为第一个西方记者，进入陕北红区系统深入采访，写作了当时轰动世界的 *Red Star Over China*（《红星照耀中国》），第一次向英美国家介绍中国共产党领导的革命根据地的情况。《红星照耀中国》更是一部"墙外开花墙内香"的作品，它的一系列中文译本在中国产生了极大的震撼与巨大的影响，译作具有可与原作相媲美的历史意义，超越了原作的生命周期，使之获得了"来世"。研究这些译作及其历史书写在翻译研究领域是极富意义的，因为研究译作的传播与影响，正是当代翻译研究感兴趣的话题。

本书从博弈论的角度研究《红星照耀中国》这一英文著作在中国三个不同历史时期出现的六个中译本，其翻译动机、翻译策略、翻译方式、译本发行和接受的社会意义展现了翻译过程中所涉各方所选取的行动和策略、各自的收益支付，是各方博弈的结果，实现了博弈均衡。这些广为流传的译本各具特色，均积极参与了当时的历史书写，成为具有历史意义的重要译本。

20世纪30年代抗战时期的《红星照耀中国》译本——《外国记者西北印象记》和复社版《西行漫记》是当时各方政治势力零和博弈的结果。在被国民党歪曲和封锁多年之后，共产党的形象和政策终于为世人所知，《外国记者西北印象记》和《西行漫记》为共产党扩大政治影响做了广泛宣传，后者更是被当代学者认为是"影响中国近代社会的一百种译作"之一。1949年新中国成立前夕的译本——《长征25000里》和急流出版社版《西行漫记》的翻译与传播体现了译者的翻译伦理价值观与政治价值观之间的博弈，这两部作品在当时的面世，为新中国的成立做了舆论准备，起到了一定的历史作用。后"文革"时期的两个译本——三联书店版的《西行漫记》和人民出版社的《毛泽东一九三六年同斯诺的谈话》体现了当时遗留的"文革"价值观影响与史学价值观的博弈，是当时拨乱反正的政治精神的历史反映，前者更是成为《红星照耀中国》汉译历史上具有里程碑意义的版本。本书整体论述《红星照耀中国》汉译中的博弈与历史书写这一主题，属于描写翻译研究。

Preface

In activities of competitive or confrontational nature, the parties concerned are with different aims or interests. To attain the aims and interests of each, all parties should consider the possible action plans of the opponents and try to select a plan which is most beneficial to and reasonable for themselves. This is game and game theory is the theory that systematically studies game. It studies the mutual influence and interaction between people's activities, and the conflict, competition and cooperation between people. As a form of cross-lingual and cross-cultural communication, translation involves conflict, competition and cooperation between people too. Therefore, game exists in translation and game theory can be enlightening for descriptive translation studies. Translation entails a game of ideology, politics and power. The ideologies of translator, patronage and publishing agent are capable of shaping the translation product, and translation is bound to be rewritten.

From June to October 1936, Edgar Snow, a young American, entered the besieged Red Army district to conduct interviews with Red Army leaders as the first western correspondent in China at that time. His subsequent masterpiece *Red Star Over China* was a blockbuster, giving reports about the Chinese Communist Party and its red troops. But what is more significant about the book is that its translations all over China have greater historical impact over Chinese people. From the various translations the Chinese people learned much about the Party and saw the hope of China. The Chinese translations of the book prolonged the life journey of the original work and gave it afterlife. Thus, it is meaningful to study its translations, as the topic of impact and influence of translations is always favored by contemporary translation scholars.

This book, entitled "Game Theory and Historical Writing in Translation—A Study on the Chinese Translations of *Red Star Over China*", viewing translation from the perspective of game theory, aims to study translation within the context of history. It explains the translation motives, strategies, organizing pattern and position of translators, the social significance of translation publishing and acceptance in terms of patronage and governmental ideology management. Game analyses of *Red Star Over China* translation in three different historical periods can reveal the parties concerned, their actions and strategies, their payoffs, outcomes and equilibriums, thus deepening our understanding of the interaction between translation, politics and ideology. The six Chinese translations of *Red Star Over China* respectively took part in the historical writing of the corresponding historical periods, thus becoming versions with historical significance.

The versions "外国记者西北印象记" and "西行漫记"

published by "Fushe" during the Anti-Japanese War period in the 1930s are results of zero-sum game between various political parties at that time. After many years of being slandered and blocked by Kuomintang of China (KMT), the ruling party at that time, the image and policies of the Communist Party of China (CPC) were finally made known to the Chinese public. These two versions were propagandas for CPC. And the latter was later considered as one of the greatest 100 works that influence modern Chinese society. "长征 25000 里" and "西行漫记" published by Jiliu Publishing House before the founding of the People's Republic of China embodied a game between two belief systems of the translators, namely, translation ethical values and political values. The two translations also contributed to the founding of the new nation in public opinion, thus having historical significance. "西行漫记" published by SDX Joint Publishing Company and "毛泽东一九三六年同斯诺的谈话" published by People's Publishing House during post-Cultural Revolution period embodied a game between two value systems— "the Cultural Revolution" impact and pursuit of historical events. Historically, the two versions reflected the political spirit of that time—to correct wrong. And the former version even became a milestone translation.

This book, expounding the theme—game theory and historical writing in the translations of *Red Star Over China*— is an onginal case of descriptive translation studies.

目　录

第1章　引　言 ·· 1
  1.1　研究背景 ··· 1
  1.2　研究问题 ··· 5
  1.3　研究目标 ··· 7
  1.4　内容结构 ··· 8

第2章　理论框架 ·· 11
  2.1　博弈、博弈论与翻译 ································· 12
  2.2　意识形态与翻译 ····································· 23
  2.3　斯诺研究以及《红星照耀中国》的汉译 ········· 35

第3章　抗战时期的翻译——政治势力零和博弈的结果 ··· 52
  3.1　《红星照耀中国》节译本——《外国记者西北印象记》 ··· 55
    3.1.1　博弈参与人与博弈过程 ··················· 55
    3.1.2　博弈一方的收益 ··························· 58
  3.2　《红星照耀中国》全译本——复社版《西行漫记》 ··· 61

I

3.2.1 博弈的背景——"孤岛"文学译介 …… 61
  3.2.2 多方政治势力的博弈 …… 64
    3.2.2.1 国民党的立场 …… 65
    3.2.2.2 侵华日军在"孤岛" …… 65
    3.2.2.3 斯诺夫妇的贡献 …… 67
    3.2.2.4 中共政治的胜利 …… 72
  3.2.3 博弈参与人 …… 73
    3.2.3.1 胡愈之 …… 73
    3.2.3.2 译者群 …… 75
    3.2.3.3 出版社——复社 …… 81
  3.2.4 博弈方的行动与策略 …… 85
    3.2.4.1 译名的由来 …… 85
    3.2.4.2 译作的面貌 …… 86
    3.2.4.3 对译作的查禁 …… 87
  3.2.5 博弈的支付与结果——零和博弈的结果 …… 90
    3.2.5.1 《西行漫记》的巨大影响 …… 90
    3.2.5.2 译介外国报告文学热潮 …… 94

第4章 新中国成立前夕的翻译——译者两种价值观的博弈 …… 97
 4.1 《长征25000里》编译者的价值观博弈 …… 99
  4.1.1 翻译伦理价值观 …… 99
  4.1.2 政治价值观的博弈策略——省译 …… 101
 4.2 急流版《西行漫记》译者的价值观博弈 …… 108
  4.2.1 翻译伦理价值观 …… 108
    4.2.1.1 翻译目的 …… 108
    4.2.1.2 省译 …… 108

4.2.2　政治价值观的博弈策略 …………… 117
　　　4.2.2.1　对原文的增补 …………… 118
　　　4.2.2.2　对原文的改动 …………… 118
　　　4.2.2.3　对原文的删节 …………… 119

第5章　后"文革"时期的翻译——两种时代价值观的博弈 …………… 129

5.1　"文革"价值观的博弈策略与行动 …………… 130
　　5.1.1　"禁书"——复社版《西行漫记》 … 130
　　5.1.2　被编辑的三联版《西行漫记》 …… 131
5.2　翻译赞助人的史学价值观博弈策略与行动 … 137
　　5.2.1　博弈的一方：中央出版局和三联书店 … 137
　　5.2.2　原著版本的选用 …………… 139
　　5.2.3　博弈的策略 …………… 140
5.3　译者的史学价值观博弈策略 …………… 141
　　5.3.1　董乐山的翻译立场 …………… 141
　　5.3.2　注释的翻译——细节处的忠实 …… 143
　　5.3.3　译注的添加 …………… 144
5.4　博弈均衡的实现——具有里程碑意义的三联版《西行漫记》 …………… 145
5.5　《毛泽东一九三六年同斯诺的谈话》的博弈性质 …………… 150
　　5.5.1　史学价值观的博弈 …………… 150
　　　5.5.1.1　编者兼当事人 …………… 150
　　　5.5.1.2　博弈支付：成为文献性版本 … 151
　　5.5.2　"文革"价值观的博弈 …………… 153

第6章 结　语 ·· 155
　　6.1　主要结论 ·· 155
　　6.2　不足之处 ·· 157
　　6.3　努力方向 ·· 158

参考文献 ·· 159

后　　记 ·· 178

第1章 引　　言

1.1　研究背景

"文化转向"后的现代翻译研究视翻译为一种文化政治实践。诚如学者刘禾（1999：35-36）所写："当概念从一种语言进入另一种语言时，意义与其说是发生了'转型'，不如说在后者的地域环境中得到了再创造。从这个意义上讲，翻译已不是一种中性的、远离意识形态斗争和利益冲突的行为；相反，它成了这类冲突的场所，在这里被译语不得不与译体语言对面相逢，为它们之间不可简约之差别一决雌雄，这里有对权威的引用和对权威的挑战，对暧昧性的消解或对暧昧的创造，直到新词或新意义在译体语言中出现。"时至21世纪的今日，翻译研究者们已经具有这样的共识：翻译不仅是一种语言转换或文本转换的过程和结果，它还是一种文化行为，在各种文化的构成和发展过程中起着不可或缺的重要作用。这种更为宏观的翻译观，重点不在于追求对源语文本的字句忠实，其重点落在了目的语文本，译作本身的主体性占据了中心位置。20世纪70年代以来，译学领域内"操纵学派"的研究推动了以描写为特征的所谓"文化转向",他们的研究表明:"译本并不是第二性的和派生性的,而是文学的主要工具之一,是更大的社会机构——如教育系统、艺术团体、出版公司乃至政府——用来按照自己的意愿操纵特定社会,以建构某种预期的文化。"(Tymoczko and Gentzler, 2002:xxv)翻译已成为一种文化政治行为。

文化政治行为或实践一定包含力量的角逐、权力的较量,而力量、权力的角逐与较量即博弈,所以翻译具有博弈性。系统研究博弈的博弈论旨在研究当两个或两个以上的实体的行为结果取决于各自所做出的决定时,他们会在怎样的情况下做出理性的决定。翻译至少涉及原作者、译者和译文读者三方参与人,各个参与人受不同意识形态、价值观影响,在翻译过程中有着各自不同的政治诉求与利益追求,因此他们会形成博弈的局面。博弈论的思想能为描写翻译研究提供启示。

同时,后现代主义和后结构主义思潮盛行,导致思维与范式中的结构层级削减,原文作者不再高高在上把持话语,译者终能不再纠结于"忠"与"不忠"的二元伦理准则,翻译和译者的地位趋向合理。翻译也超脱了第二性的命运,当下的大众逐渐认识到翻译行为从一开始就具有鲜明的社会属性。作为一种跨语言、跨文化的交际活动,翻译涉及人与人之间的交流与互动,而人与人之间的交流与互动必然充满了矛盾。矛盾的解决过程在很大程度上是一种博弈的过程。因此,翻译体现博弈——翻译中包含意识形态、诗学、政治、权力等的博弈。译者、赞助人以及出版中介的意识形态足以改变产品的最后形态,翻译不可避免地要被"改写"。翻译贯穿着各种意识形态的交锋与博弈。翻译,包括译什么、怎么译、为何译,都受制于在译入语文化中占主导地位的意识形态倾向和诗学规范。"当翻译进入社会层面时，它便影响我们如何认识并接受某部作品、某位作者、某种文学甚至某种文化。我们可以说翻译（translating）实际上让译者进入了一个极其复杂多元的'权力网络'（a network of power relations），即一种广义的意识形态活动。"（毛思慧，2007）在论及意识形态对翻译过程的影响时，美国著名翻译理论家勒弗维尔（André Lefevere）认为，控制文学创作和翻译有内外两个因素。内因就是由评论家、教师、翻译家等组成的所谓"专业人士"（professional），外因则是拥有"促进或阻止"文学创作和翻译的"权力"的"人、机构"，他所用的术语是 patronage（即"赞助人"）。"赞助人感兴趣的通常是文学的意识形态"，而"文学家们关心的则是诗学（poetics）"（Lefevere，1992：14-15）。因此，制约翻译过程的两大因素归根到底就是意识形态和诗学。他还指出，内因（文学家及其诗学观念）在外因（赞助人及其意识形态）所制定的参数内起作用（同上）。如此一来，我们便清晰地看到了意识形态因素在翻译过程中不容忽视。随着从这一角度对翻译的研究的深入，与意识形态密切相关的权力机构和权力关系开始浮出水面。有学者指出，"翻译不仅仅像语言活动那样从甲语言到乙语言那么简单，它的背后还有着或大或小的权力操纵，反过来，翻译又建构着特定文化的权力结构"（王东风，2007）。翻译与权力之间的操纵互动、权力与意识形态之间的操纵互动、意识形态与翻译之间的操纵互动形成一个循环的关系链条。翻译、译者与权力、意识形态形成共谋关系，翻译不可避免地成为一项政治活动。而且由于翻译在政治文化传播中作为传媒的重要地位，它常常是权力主体与权力客体双方激烈争夺的战场。

"意识形态"一词由法国思想家特拉西（Destutt de

Tracy）于1796年正式提出。"特拉西所谓的'意识形态'是一个中性概念，意指'观念学说'或'观念科学'，其使命在于研究观念的起源与边界、认识的可能性与可靠性等认识论中最为基本的问题。'意识形态'这个概念在特拉西那里还仅仅是一个哲学认识论的范畴。"（季广茂，2005a：12）"在现代社会条件下，资本主义国家在维护其统治的时候，通过媒体舆论等对人们的意识形态进行引导，使之向其统治方向进发。因此，从这个层面上来说，意识形态范畴本身所具有的强烈的实践性，使得它与政治之间存在着一种十分密切的关系，它使得民众服从于统治阶级的利益需求。"（胡若雨，2013）"政治是一个义项繁多的范畴。英文'politics'含有'策略'、'阴谋'、'权术'、'手腕'等意义，因而方正之士对政治往往侧目鄙夷。但在政治学的视域中，政治则是一个中性的概念，它通常是指国家、政党和政党体系中的机构，为实现阶级的、民族的、集团的利益而进行的带有全局性、根本性的活动。"（丁晓原，2008：90）有学者指出："要弄清政治的性质，必须研究权力。不管如何定义政治，离开权力，就不能认识和解释政治。"（杨光斌，1998）

中国的20世纪是一个政治性的时代。重大的政治事件频发，社会矛盾尖锐。国民党政权在1927年对共产党及左翼力量进行镇压，实行独裁统治。新兴的中国共产党逐渐走上历史舞台，开始了与国民党的政治博弈。从1937年开始，当时中国政治的首要问题是抗日。1945年抗战结束，随之而来的是决定国共两党生死命运的三年内战。中华人民共和国的成立，开创了中国历史的新纪元。新中国成立后，政治性的运动此起彼伏，"反右"斗争、"大跃进"轮番上场。"1962年毛泽东提出'千万不要忘记阶级斗争'，1966年以斗争、造反为主题的'无产阶级文化大革命'爆发，为时长达10年。阶级斗争广泛而深刻地影响或决定着当时中国的社会生活，包括文学的存在。"（丁晓原，2008：93）各种政治意识形态之间出现了激烈的交锋与暂时的妥协。

如此而来，翻译、意识形态、政治这几个范畴之间具备了天然的亲和力，它们交织在一起能产生丰富的学术蕴藏，具有巨大的翻译研究价值与意义，有待研究者的深入挖掘。研究美国著名记者埃德加·斯诺的名著《红星照耀中国》的代表性汉语译本，以个案形式论证各个重要译本的形成、传播过程中所体现的博弈和历史书写，正是在这一背景下诞生的选题。

1.2 研究问题

本书以《翻译中的博弈与历史书写——〈红星照耀中国〉汉译研究》为题，史论结合，主要使用文献叙述和论证相结合、宏观视角和微观视角相结合、历时研究和共时研究相结合的研究方法。从过程的角度审视翻译，在社会文化和历史语境中研究译本的面貌，牵涉译本选择的动机，译者的策略选择、组织方式和观点立场，译本发行和接受的社会意义，包含媒体、出版者等在内的赞助人制度，政府的意识形态管制等层面。

选取《红星照耀中国》译本为研究对象是因为这一作品的特殊性。它是20世纪30年代由美国人写作的一部关于中国的报告文学作品，或称新闻报道作品，在当时获得了巨大的成功，一举成名。但一般的报告文学作品都会因其时效性，难免沦为明日黄花，失去读者。为何这一作品在中国从诞生之日至今，在近一个世纪的岁月当中会广为流传、不断被翻译出版？一般认为，"新闻报道的真实价值远远比宣传高得多。新闻记者记录各种政治活动家的声明，把这些声明与其对手的声明加以核对，然后从一个似乎更中立的立场叙述他们认为实际发生的事情。但正直而又不受权威限制的记者也可能没有办法获得必要的信息，他们的职业行为的即时性和时间性使这个问题变得非常尖锐。人们要求记者报道昨天发生的事情，而不是50年或500年前发生的事情。这种职业要求使他们具有能够会见参加者和当事人的有利条件，但是同时也平添了他们没有时间获得知识的不利因素，更不要说获得一种观察事物的透视角度"（沃勒斯坦，2002）。斯诺对于红色中国的这一爆炸性新闻报道怎样参与了中国历史的书写？这些即是诱发笔者对《红星照耀中国》及其译作进行探究的原因。

法国历史学家米歇尔·德·塞尔托在《历史书写》（2012，"内容简介"）中表明："书写历史，亦即要对过去进行梳理和界定，要罗列诸多材料，目的是为当今建立起一种理性；经过在现实社会中多年的发展，历史书写业已成为一种可控的行为意愿，代替了社会实体曾经仰仗的模糊经验。必须注意的是，作为一种行为意愿，历史书写从马基雅维里时代以来便一直受到政权的左右，换句话说，政治规训着历史书写。"历史上的重大译事与重要译本反映并构建当时的历史，可以视为历史书写的方式之一，所以也同样被政治规训着。本书旨在通过对《红星照耀中国》这一著作在中国三个不同历史时期的翻译与传播进行博弈论视角的分析，展现翻译所涉各方当事人、其选取的行动和策略、各自的收益支付、博弈结果以及均衡的实现，深刻理解翻译与政治、意识形态的互动关系。本书所关注的六个中译本分别参与了当时三个历史时期的历史书写，成为具有历史意义的译本。

相应的研究问题是：

（1）该书汉译历史上具有历史意义的一众译本如何参与了当时的历史书写？

（2）这些译本的产生与传播如何受到政治意识形态、价值观的操纵改写？

（3）这些译本的产生与传播体现了怎样的博弈过程？

1.3　研究目标

《红星照耀中国》作为一部由外国人写作的关于中国红区的英文作品，在海外的影响力不容小觑，同时它也极大地震撼了中国人民，广大中国民众读到的是翻译成中文的译本，《红星照耀中国》的一系列译作具有重大历史意义，可以说译作已经超越了原作的生命周期，让原作在中国获得了"来世"。研究译作的传播与影响，正是当代翻译研究感兴趣的话题。

鉴于上述研究问题，作者试将研究活动指向下列目标：第一，在尽可能全面和系统地梳理斯诺及其作品在中国的译介、研究与接受的基础上，凸显《红星照耀中国》在中国广为传播的历史和深远影响，突出编译者的贡献，分析其参与历史书写的原因。第二，通过个案分析，考察具有历史意义的六个译本，以博弈论为工具分析译本的形成与传播过程中的各种博弈势力、价值观影响，借用意识形态、政治、博弈概念的理论价值，探讨这些概念对于翻译研究的意义与启示。第三，旨在从翻译学的角度，丰富国内外已有的斯诺研究成果。

1.4 内容结构

本书以《翻译中的博弈与历史书写——〈红星照耀中国〉汉译研究》为题,属于描写翻译研究。包括六章的内容。第1章"引言"介绍研究背景、研究问题、研究目标、内容结构。通过研究背景的介绍引出论题,阐述研究问题以明示研究主题,研究目标的设定为论文写作明确方向。

在明确了研究问题与目标之后,需要对问题的来龙去脉进行梳理分析,对相关的已有研究进行借鉴评价,从而确立拟采用的理论框架,凸显本研究的意义与特色。在第2章中,笔者就翻译研究中的"改写论"、哲学范畴内的意识形态概念、意识形态与政治、翻译与政治、《红星照耀中国》汉译研究这几个方面的文献资料进行综述,提出博弈论的思想能为本研究提供理论框架。虽然博弈论的研究主要存在于经济学领域,但是长期以来博弈论一直广泛延伸,并在社会科学和自然科学中得到应用。博弈论已经成为社会学中的一个覆盖广泛的"统领的领域"。博弈论的研究对象是人与人之间行为的相互影响和相互作用,人与人之间利益的冲突、竞争与合作。翻译作为一种涉及多方的社会活动,也同样体现了人与人之间利益的冲突、竞争与合作,因此博弈论能为翻译的描写性研究提供启示。

第3章讨论抗战时期《红星照耀中国》的翻译。20世纪三四十年代,一批爱国人士自行组织起来翻译并出版几位外国记者对中国共产党及红军事实真相的报道。1937年面世的《外国记者西北印象记》(以下简称《印象记》)是《红星照耀中国》的节译本,这一翻译事件体现了一种政治的博弈,即国共两党政治主张的博弈。翻译组织者王福时始终与中国共产党风雨同舟,是为抗日民族统一战线和中华民族的解放事业做出杰出贡献的爱国人士(《人民政协报》,2011年10月13日)。这一时期还诞生了《红星照耀中国》的第一个全译本——《西行漫记》,其翻译组织者胡愈之是中共党员,翻译工作的参与者均为当时文化界的进步人士。以译者为代表的博弈一方的收益是《印象记》和《西行漫记》的问世及其巨大影响,而国民党和日军一方的博弈结果只能是消极查禁,形成一种多种政治势力零和博弈的结果。

第4章讨论新中国成立前夕《红星照耀中国》的翻译。抗战胜利后,国民党集团拒绝国内的和平呼吁,依靠美国的援助发动内战,企图消灭日益壮大的中国共产党势力。与国民党的腐败相反,中国共产党坚持和平、民主、团结的建国方针,赢得了人民的一致拥护。正是在这样的历史背景下,新中国即将诞生之时,上海出现了两种依照美国兰登出版社1938年7月再版的《红星照耀中国》译出、含有第13章内容的新版本。一个是启明书局版,另一个是急流出版社版,"把共产党的精神灌溉到全中国人民的心田之中",为建立新中国做舆论上的准备。译者的这一翻译初衷决定了其翻译时政治立场的偏向,因而不可避免地会与译者应有的翻译伦理价值观——"对原文的尊重"产生博弈。

后"文革"时期的1979年,中国又出现了两个译本:三联版的全译本《西行漫记》和人民出版社的节译本《毛泽东一九三六年同斯诺的谈话》。这两个译本可谓是《红星照耀中国》汉译历史上具有里程碑意义的版本。"文革"结束后,政治意识形态对文艺话语的影响和控制并没有消退。"文革"的价值观影响依然存在,导致出版社三联书店的编辑顾虑重重,不得不对译本进行多处改动。但同时,与此价值观展开博弈的是一种尊重历史的史学价值观。史学价值观的博弈策略体现在三个方面。其一，三联书店能有这一出版计划，多亏了它的上一级机构——中央出版局领导的决策。他们决定在书禁初开的年代出版"文革"禁书，秉承的是还原历史真相的史学价值观。其二，负责出版的三联书店同时也认同这一史学价值观，这一点从他们采用的原著版本可以看出。其三，具体承担翻译工作的翻译家董乐山也始终秉承追求历史真相的史学价值观。可以说，1979年版本的《西行漫记》体现了这一时期同时存在的两种价值观的博弈。人民出版社出版的《毛泽东一九三六年同斯诺的谈话》由当年毛泽东与斯诺谈话时担任口译的吴黎平同志主持整理，本书同样体现了史学价值观与"文革"价值观的博弈。史学价值观的策略体现在编者始终尊重事实，力求准确，从而使得这一版本成为具有文献性意义的版本。"文革"价值观的策略体现在编者在译作"前言"表明的态度。这是第5章的内容。

最后一章为结语，对全书的论述进行归纳总结，并指出本研究的不足之处与未来努力的方向。

第 2 章　理论框架

在明确了研究问题与目标之后，需要对问题的来龙去脉进行梳理分析，对相关的已有研究进行借鉴评价，从而确立选题意义与理论框架，凸显本研究的创新之处。在本章中，笔者就翻译研究中的"改写论"、哲学范畴内的意识形态概念、意识形态与政治的关系、翻译与政治、斯诺研究以及《红星照耀中国》汉译研究这几个方面的文献资料进行综述，提出博弈论的思想能为本研究提供理论框架。

博弈论是指研究当两个或两个以上的实体——个人、组织、政府、企业、团队、夫妻——的行为结果取决于各自做出决定时，他们会在怎样的情况下做出理性的决定。（Schelling，1980）作为一种在社会科学中具有"统一场理论"意义的科学，它如何为本研究提供理论框架？要回答这一问题，首先，需对博弈、博弈论、博弈论与翻译的关系进行一番梳理。博弈者在行动过程中要努力使自己的收益最大化，或者实现有利于自己的最好结果。在《红星照耀中国》的汉译历史中，博弈方之间的利益冲突以及博弈支付主要是体现在政治与价值观这两大意识形态方面，因此，文献综述的另一主要内容是回顾翻译的政治问题的研究成果、厘清政治与意识形态的关系、明确本研究采用的意识形态概念的内涵和外延。最后，本章对斯诺和《红星照耀中国》的汉译研究做简要综述，以期从翻译学的角度丰富现有的国内外斯诺研究。

2.1 博弈、博弈论与翻译

博弈论，英文为 game theory。辜正坤（2004）就 game theory 译为"博弈论"的见解有助于读者了解博弈的本质，现摘引如下：

> Game theory 原本是数学用语转用于经济学，字面上本来是非常浅显的，欧美人一见便知其意，可谓之"游戏理论""竞争策略论"之类。但是到了中国经济界译者手里，硬把它译成"博弈论"，无论听上去看上去，都让人觉得这门学问既雅致又深不可测，终于成功地使许多学子望而却步，不敢问津了。但是事实上，博弈论（game theory）并非那样神秘，它主要是由匈牙利的数学家约翰·冯·纽曼（John von Neumann，1903—1957）创立的，其基本原理，古今中外的许多策士都不同程度地会用。例如我国战国时代的大军事家孙膑就曾以此原理帮助齐国的将军田忌在赛马场上获胜。关于这一点，《史记》里有非常精彩的描述。田忌的马与诸公子的马大体分为上、中、下三等马，本来势均力敌。但经过孙子的安排，让田忌以上马敌对方的中马，以中马敌对方的下马，以下马敌对方的上马，结果田忌两胜一负，以三比二［引者注：应为"三局两胜"］打败对手而获奖

千金。这种在相同的条件下灵活使用错位组合之术是中国兵家之惯伎之一。西方所谓的"博弈论"研究的东西即与此相类。如果将此术语 game theory 译成"竞赛策略论"或"竞争对策论"或"竞技方略"之类,则人人能懂;而译成"博弈论"则只有一部分人懂。"博弈论"这个术语给门外汉以高深莫测的感觉,这就起到了一种学术包装的作用,可以把妄想走近学术殿堂的俗人吓走。其实这个术语的原意就是"游戏策略""赌博秘方""竞争对策"或"战争方略"的意思,译成"博弈论"并不准确。首先,何谓"博弈"?《论语·阳货》:"子曰:'饱食终日,无所用心,难矣哉!不有博弈者乎?为之,犹贤乎已。'"译成白话大意是:"孔子说:'整天吃饱了饭,什么都不用操心,这是难以办到的。不是有下棋之类的游戏么?就是玩游戏,也比什么都不做要好呀。'"《论语》中的所谓博弈,指的是"六博"和"围棋",二者都是棋艺。六博指的是一种十二子棋,六白六黑,两人相搏("博"者,搏也,通假字),后来演变成为一种赌具,谓之"赌博"。总之,"博弈"说来说去,都和棋艺相关。而英文的 game 却并不只是棋艺,而是泛指所有的竞技性、竞争性、比赛性或赌博性游戏或战争。从概念上来说,game 与"博弈"相比,是个种概念,内涵大,完全包容了"博弈"义;而"博弈"却只是个属概念,远远无法涵盖 game 一词的全部内涵。因此,将 game 勉强译作"博弈",是不妥当的,是大词小译,或将广义词译作了窄义词。窄义词与其他词的搭配范围相对较小,因此在实际使用"博弈"这个译语的时候,便会发现它常常突兀、不自然,难以和上下文中的词义相协调。

可见，博弈之道古已有之，但博弈思想的系统化、数学化却是近几十年发展起来的。半个多世纪以来，博弈论给经济学带来了革命性的变革，著名经济学家保罗·萨缪尔森（Paul Samuelson）曾说："要想在现代社会做一个有文化的人，你必须对博弈论有一个大致的了解。"

博弈论诞生于美国籍犹太人数学家约翰·冯·纽曼（John von Neumann）和普林斯顿大学经济学家摩根斯坦恩（Oskar Morgenstern）1944年出版的名著《博弈理论与经济行为》（*The Theory of Games and Economic Behavior*）。博弈论"关注的是意识到其行动将相互影响的决策者们的行为。当一个城市中仅有的两家报社为其报纸定价时，它们会意识到自己的销量既受对方影响，又同时影响对方。此时，它们即成为了一个博弈的参与人"（Rasmusen，2001：3）。根据2005年诺贝尔经济学奖得主托马斯·谢林（Thomas C. Schelling）的观点，"博弈论有一'软'一'硬'两个概念"。所谓"软"者，旨在研究当两个或两个以上的实体——个人、组织、政府、企业、团队、夫妻——的行为结果取决于各自所做出的决定时，他们会在怎样的情况下做出理性的决定。没有人在做出选择时能够不考虑别人的选择，意即预测他人的预测。而所谓"硬"者，按照笔者的理解，是"研究理性决策者之间的冲突与合作中的数学模型"（罗伯特·道奇，2013："序"）。博弈论这个名字源自纽曼和摩根斯坦恩对跳棋和象棋等室内游戏特征的观察。这些游戏都有各自的规则和得分体系，比赛双方拥有的信息量在特定时刻都是特定的。最为重要的是，双方在比赛过程中所做的决策相互影响。在象棋比赛中能否走出明智的一步，取决于对手已经做出或当时可能要做出的决定，而且双方在决定走出一步之前都要去思考对手是如何打算下一步的。他们认为，经济学中也存在类似的情境,并开始建立一种冲突与合作的数学模型,这一模型能够决定游戏双方对彼此决策选择的预期。

虽然博弈论的研究主要存在于经济学领域,但是近年来博弈论广泛延伸,在社会科学的多个领域得到应用。诺贝尔奖得主罗伯特·奥曼(Robert Aumann)撰文指出:"互动决策理论"(Interactive Decision Theory)可能是通常被称作博弈论的这一学科的更加准确的名称。该学科涉及决策者(博弈者方)的行为,双方的决策相互影响。博弈论已经成为社会学中的一个覆盖广泛的"统领的领域",还可运用到经济学、政治学、策略与战略问题、进化生物学、计算机科学、社会心理学以及诸如认识论的一些哲学分支。(罗伯特·道奇,2013:33-34)博弈论把小到喝酒时的划拳游戏、大到国家间的战争等每一种互动的情形都视为一个博弈;把参与互动情形的当事者,无论是个人还是企业,都称为"参与人"(player),然后考察博弈的参与人如何进行决策,以此预测博弈的结局如何。正是由于能够为所有的互动情形提供一个统一的分析框架,博弈论现在已经渐渐成为社会科学研究的一种基本方法。同时,博弈论也给我们提供了一种思考问题的方法,这种方法对于我们处理各种需要与人打交道的事情尤为重要。

要将博弈论的思想引入描写翻译研究,有必要熟悉博弈论的基本概念。博弈论的基本概念包括参与人、行动、信息、战略、支付、均衡和结果。参与人(player)指博弈当中决策的主体,他在博弈中有一些行动要选择以最大化他的效用或收益(支付)。参与人可以是生活中的自然人,也可以是一个企业或组织,还可以是一个国家或国家之间的一种组织(比如北约、欧盟等)。在一个博弈中,只要其决策对结果有着重要影响的主体,我们都把它当作一个参与人。参与人的目的是通过合理选择自己的行动,以便取得最大化的收益。当然,参与人的选择不仅取决于自己的决策,还要取决于对方的决策,也就是说参与各方的决策过程其实就是一个利益博弈的过程。

行动（action）是参与人在博弈的某个时点的决策变量。每一个参与人,在轮到他采取行动时,都有多种可能的行动可供选择。比如,打牌时,轮到某人出牌,他可以出黑桃,也可以出方片。所有参与人在博弈中所选择的行动的集合就构成一个行动组合（action profile）。不同的行动组合导致了博弈的不同结果。所以,在博弈中,要想知道博弈的结果如何,不仅需要知道自己的行动,还需要知道对手的行动。

第三个概念是信息（information）。信息指在博弈当中每个人知道些什么。这些信息包括对自己、对对方的某一些特征的了解。博弈中的静态博弈（static game）和动态博弈（dynamic game）的划分和信息概念相联系。所谓静态博弈,就是所有的参与人同时行动,且只能行动一次。在选定了策略后,参与者同时出招,完全不去理会对方刚刚走了哪一步。典型的静态博弈,如"剪刀锤子布"游戏。所谓动态博弈,是指博弈时,一方先行动,一方后行动,且后行动的一方知道先行动一方的选择。下围棋就属于典型的动态博弈。由于动态博弈中参与人轮流行动,所以也称为序贯博弈（sequential game）。在静态博弈中,战略和行动是相同的,这是因为,作为参与人行动的规则、战略依赖于参与人获得的信息；在静态博弈中,所有参与人同时行动,没有任何人能获得他人行动的信息,从而,战略选择就变成简单的行动选择。

第四个概念是战略（strategy）。战略可以理解为参与人的一个相机行动计划（contingent action plan），它规定了参与人在什么情况下该如何行动。战略的这种相机性实际上为参与人选择行动提供了一种规则。战略是参与人如何对其他参与人的行动做出反应的行动规则，它规定参与人在什么情况下选择什么行动，但并不是行动本身。如果 N 个参与者每人选择一个策略，就组成了一个策略组合。参与人做出策略的原则都是在其他参与人每一种可选择的情况下做出对自己最有利的决策。所谓"占优战略"（dominant strategy）是指在博弈中参与人的某一个战略，不管对方使用什么战略，只要参与人使用这一战略，都可以给自己带来最大的支付。或者说，参与人的这一战略在任何情况下都优于自己的其他战略。

第五个概念是支付（payoff）。它是指每个参与人在给定战略组合下得到的报酬。在博弈中，每一个参与人得到的支付不仅依赖于自己选择的战略，也依赖于其他人选择的战略。我们把博弈中所有参与人选择的战略的集合叫作战略组合（strategy profile）。在不同的战略组合下，参与人得到的支付一般是不一样的。博弈的参与人真正关心的也就是其参与博弈得到的支付。

第六个概念是纳什均衡（Nash equilibrium），又称为非合作博弈均衡，是博弈论的一个重要术语，以约翰·纳什命名。指的是参与人的这样一种策略组合，在该策略组合上，任何参与人单独改变策略都不会得到好处。换句话说，如果在一个策略组合上，当所有其他人都不改变策略时，没有人会改变自己的策略，则该策略组合就是一个纳什均衡。

最后一个概念是博弈的结果（outcome）。它是指参与人和分析者所关心的博弈均衡情况下所出现的东西，如参与人的行动选择，或相应的支付组合等。（张维迎，1996：32-36）

博弈论有一些重要的概念划分，本研究需要用到的为以下三种分类。

一、静态博弈（static game）和动态博弈（dynamic game）。前者是指博弈中参与人同时选择行动；或者虽非同时行动，但行动在后者并不知道行动在先者采取了什么具体行动。动态博弈是指参与人的行动有先后顺序，而且行动在后者可以观察到行动在先者的选择，并据此做出相应的选择。

二、合作博弈（cooperative game）和非合作博弈（non-cooperative game）。两者的区别主要在于人们的行为相互作用时，当事人能否达成一个具有约束力的协议（binding agreement），如果有这种协议，就是合作博弈；反之，则是非合作博弈。合作博弈论在20世纪50年代达到顶峰，同时非合作博弈也开始创立。纳什（John Nash，1928—2015）和塔克（Albert W. Tucker，1905—1995）两个人的著作奠定了现代非合作博弈论的基石。现在经济学家谈到博弈论，一般指的是非合作博弈。

三、根据一个博弈中所有博弈方的收益总和，博弈可以分为"零和博弈"（zero-sum game）和"非零和"博弈（non-zero-sum game）。"零和博弈"指参与博弈的各方，在严格竞争下，一方的收益必然意味着另一方的损失，博弈各方的收益和损失相加总和永远为"零"，双方不存在合作的可能，双方都想尽一切办法以实现"损人利己"。零和博弈的结果是一方吃掉另一方，一方的所得正是另一方的所失。而"非零和博弈"则指博弈中各方的收益或损失的总和不为"零"的博弈。

博弈论中最具代表性的例子囚徒困境（prisoners' dilemma）有助于深化读者对博弈的理解，它是1950年由时任斯坦福大学客座教授的数学家塔克提出的。讲的是两个嫌疑犯（A 和 B）作案后被警察抓住，隔离审讯。警方告诉他们：如果两人都坦白则各判 8 年；如果一人坦白另一人不坦白，坦白的放出去，不坦白的判 10 年；如果都不坦白则因证据不足各判 1 年。在这个例子里，博弈的参加者就是两个嫌疑犯 A 和 B，他们每个人都有两个策略，即坦白和不坦白，判刑的年数就是他们的支付。

表 1 囚徒困境

囚徒 B

		坦白	抵赖
囚徒 A	坦白	−8, −8	0, −10
	抵赖	−10, 0	−1, −1

表 1 给出的是囚徒困境的二价矩阵。这里，每一格的两个数字代表对应战略组合下两个囚徒的支付，其中第一个数字是 A 的支付，第二个数字是 B 的支付。可能出现四种情况（A 和 B 均坦白或均不坦白、A 坦白 B 不坦白或者 B 坦白 A 不坦白）是博弈的结果。在这个例子里，纳什均衡（Nash equilibrium）就是（坦白，坦白）：给定 B 坦白的情况下，A 的最优战略是坦白；同样，给定 A 坦白的情况下，B 的最优战略也是坦白。事实上，这里，（坦白，坦白）不仅是纳什均衡，而且是一个占优战略均衡，就是说，不论对方如何选择，个人的最优选择是坦白。因为如果 B 不坦白，A 坦白的话就被放出来，不坦白的话判 1 年，所以坦白比不坦白好；如果 B 坦白，A 坦白的话判 8 年，不坦白的话判 10 年，所以，坦白还是比不坦白好。这样，坦白就是 A 的占优战略。同样，坦白也是 B 的占优战略。这个组合中，A 和 B 都不能

通过单方面的改变行动增加自己的收益，于是谁也没有动力游离这个组合，因此这个组合是纳什均衡。

囚徒困境反映了一个很深刻的问题，就是个人理性与集体理性的矛盾。它给翻译研究带来的启示是，以追求个体利益最大化为目的的决策行为，最终却并不一定能够真正实现个体利益的最大化；相反，有时候甚至会导致损害个体利益的结果。比如，译者秉承忠实伦理，忠实直译，以追求原文作者利益的最大化，但有时这种译本是不被接纳的，因而不能得以出版，即使出版了，其发行也不一定成功，这样最终损害了原文作者和译者的个体利益。译者的个体利益有时会与出版者、译文读者所共同构成的集体的利益发生矛盾。

"在某个群体内或者某些群体之间，当某人追求的目标或利益与其他人不同时，就会或直接或隐含地产生分歧和矛盾，这可能是心理体验的冲突、人际交往的冲突或者是各种利益的冲突。正因为冲突存在的广泛性，博弈论大有用武之地。因为博弈论正是致力于冲突和非合作博弈的研究，将冲突化解，将非合作转化为合作共赢。"（南旭光，2012：197-198）作为一种社会活动的翻译，经常蕴含人与人之间的冲突、竞争和合作。翻译涉及两个或以上的个体或群体，译本的选择、出版、发行都体现出个人或群体的追求和利益。冲突各方也追求其利益的最大化，只是这个利益含义丰富，各有所指。翻译博弈中的参与人包括翻译发起人、译者、翻译出版者、译作读者。他们各自的策略相互依存，相互影响。翻译博弈的行动与战略指各个参与人为译本的选择、翻译、出版、发行、传播而采取的具体做法与具体策略，如异化与归化的文化翻译态度，增删、修改等翻译手段。译者、出版者受制于多种意识形态因素的操控，妥协是博弈的一种可能结果。译本最终的面世与流行与否则是一种博弈结果，是相关博弈各方的支付收益。博弈论能为本书的译本描写研究提供理论框架与启示。本研究选取的《红星照耀中国》各中文译本的翻译与传播具有博弈性质，所体现的都是一种静态的非合作博弈，其中抗战时期的两个译本还是一种政治的零和博弈结果。

将博弈或者游戏的思想运用于翻译研究以捷克翻译学者列维（Levy，2000）为首创。他把翻译行为描述为一种抉择行为。他认为，翻译是"一系列一定数量的连续发生的情境，犹如棋术当中的一系列棋步，这些情境迫使译者在一定数量（往往可以准确定义的数量）的选择中做出抉择"。他所说的"抉择"，是指在翻译某个文本时对于特定的翻译问题有几个可能的解决方案，译者必须在这几个方案中做出选择，是导致其他选择，还是断绝其他选择，这要由最初所做出的选择来决定。这些抉择无论是否由目的驱使，在本质上都处于一种层级关系中，而不仅仅是顺序关系之中。列维认为，翻译是棋类游戏，而不是牌类游戏。与列维不同的是，荷兰翻译学者格雷（Gorlée，1986）将翻译过程描述为"一个更需要创造性心理技能的、万花筒般的、永无止境的游戏，与下棋相比，翻译更像组装拼板玩具，只是翻译与拼板游戏之间存在着一个显著差异，即翻译中不存在一种有待发现的预先存在的解决方法"。

国内从博弈论视角观照翻译的研究起步较晚，数量不多。笔者以"翻译"和"博弈"为主题，在中国知网（CNKI）上检索到近100篇相关文章。经过梳理归纳，这些研究成果大致集中在以下三个方面：翻译博弈论介评，归化、异化之博弈以及博弈论观照下的翻译过程研究。

第一类的翻译博弈论介评文章都对翻译博弈论的研究持认可的态度，认为博弈论视角在翻译研究中有其特有的价值，很有发展空间。这些文章如林化平（2007）、韩静（2009）、韩燕琴（2009）等，以介绍翻译博弈论的思想为主，应用和评价都很有限，但它们将博弈论的视角引入国内翻译界的视野，为翻译研究开辟了新的途径和思路，进一步拓展了翻译研究的视域和空间。

第二类文章创新性地将博弈论的视角引入归化、异化的讨论，王斌（2004）《翻译与博弈》一文，可以说是这方面最早见诸国内期刊的研究文章。作者首先将翻译归类于"完全信息的静态博弈"和"完全信息的动态博弈"，然后介绍了这两种博弈的经典模型"囚徒困境"和"情侣博弈"。在此基础上，作者根据博弈论的原则，认为翻译的目的应该是促进原语文化和译语文化之间的交流，因此在"囚徒困境"中，翻译如果只从个人利益出发，选择使个人利益最大化的占优策略（即归化），那么反而只能实现比较差的结果（即推延了两种文化相互了解的进程）。而在"情侣博弈"中，虽然两个都是纳什均衡，但是由于先选择的一方能获得更大的个人收益，所以翻译中也要采取类似的策略，即先选择能够扩大自己文化的影响的策略（即异化）。因此，根据博弈论的分析，无论是译入还是译出，从促进文化交流的角度来说，异化都应该是译者争取的手段。纵观国内开展的博弈论视角下的归化异化研究，如樊军、郑志军（2007）和彭雪莉（2010），大都以套用博弈论中的经典概念和模型为主，缺乏理论上的扎实论证与实践上的切实应用。

相比之下，第三类的博弈论视角下的翻译过程研究是近年来的主流，如潘华凌（2008）、韩燕琴（2009）、冯青（2011）、李双玲（2012）等。总体而言，这些期刊论文和硕士学位论文确定了翻译博弈中的各主体性要素（如原作者、委托人、译作读者、出版人、批评人、其他译者等）以及译者在翻译博弈中的中心地位。其共识是，翻译过程是一个译者与其他主体性要素相互博弈的过程，译者必须根据参与博弈各方的策略选择来确定自己的翻译策略，而译作的产生正是各博弈方角逐和妥协的博弈结果。这些研究成果使读者对翻译现象和翻译过程有了新的认识。值得一提的是，2012年国内唯一以博弈论为理论背景探讨翻译的博士学位论文出炉，作者创新性地将博弈论引入重译问题研究，以期为揭示重译的本质提供全新的视角。其观点是"翻译博弈的博弈模式是以译者为中心，由译者与原文作者、译者与译文读者、译者与翻译发起人、译者与翻译赞助人、译者和翻译批评人等五局双人子博弈所构成的总博弈。在构成翻译博弈及重译博弈的每一局双人子博弈中，博弈双方皆不乏可供选择的策略与偏好收益，且博弈双方均会从己方策略空间中选择适当的策略，以实现个人收益的最大化"（赵璧，2012）。

上述文献给笔者的启示是：由于翻译涉及多个个体、多种策略选择，所以翻译与博弈有共同属性。大多数文献聚焦的是具体的翻译过程中译者活动的博弈性质，而较少关注译作生成后其影响与传播过程中的博弈性质。本研究认为，《红星照耀中国》汉语译本的出现与传播，同其具体的文本翻译过程一样，体现了博弈，博弈论的方法能为本研究提供合理视角。

2.2　意识形态与翻译

意识形态成为翻译学的一个关注对象无疑归功于翻译研究的"文化转向"。这一转向扩宽了翻译研究的传统语言学视域，将翻译置于更为广阔的文化语境之中，诸多文本外的因素进入译学研究视野。主体性问题、权力话语、意识形态、文化因素、后殖民主义、女性主义等纷纷登场，使得翻译研究经历了一场深刻的范式革命。

翻译研究与意识形态直接相关的是巴斯奈特（Bassnett）和勒弗维尔（Lefevere）提出的"改写论"，他们关注的是意识形态和诗学对翻译文本的操纵性改写，认为控制文学创作和翻译有内外两个因素。内因就是评论家、教师、翻译家等组成的所谓"专业人士"（professional），外因则是拥有"促进或阻止"文学创作和翻译的权力的"人、机构"，勒弗维尔所用的术语是 patronage（即"赞助人"）。在这里，"赞助人感兴趣的通常是文学的意识形态"，而"文学家们关心的则是诗学（poetics）"（Lefevere，1992：14－15）。因此，制约翻译过程的两大因素归根到底就是意识形态和诗学。勒弗维尔还指出，内因（文学家及其诗学观念）在外因（赞助人及其意识形态）所制定的参数内起作用（同上）。也就是说，代表某一文化或社会的意识形态的赞助人确立了一套具有决定性作用的意识形态价值参数，文学家和翻译家则在这一套参数范围内完成他们的诗学追求。一方面，作为一定意识形态代言人的赞助人，利用他们的话语权力对于翻译过程进行直接干预；另一方面，熟知这一套意识形态价值参数的文学家和翻译家大多也会自觉地避免触犯意识形态的天条，在他们认为允许的范畴内，操纵他们有限的话语权力和诗学技巧。因此，文学家和翻译家在运用话语时，意识形态和诗学会同时在他们的意识中起作用，影响他们的创作或"改写"，决定翻译家的策略。

起初，勒弗维尔在《为什么在改写上浪费时间？翻译的困窘以及改写在新范式中的作用》一文中把意识形态定义为"世界观"（world view）（Lefevere，1985：226），后来以赞同的语气引述詹明信（Fredric Jameson）的界说：意识形态是观念体系，它由指令我们行动的形式、习俗和信仰构成（that grillwork of form, convention and belief which orders our actions）（Lefevere，1992：16）。之后他在其最后的著述《翻译实践和文化资本流通》一文中表示，意识形态是"一种观念网络，它由某个社会群体在某一历史时期所接受的看法和见解构成，而且这些看法和见解影响着读者和译者对文本的处理"（Bassnett and Lefevere，1998：48）。总而言之，他认为意识形态是一种世界观、观念体系。

由此，与意识形态相关的翻译研究开始成为翻译界持续热门的研究主题，国内外有关意识形态与翻译的研究蓬勃发展，主要从两个角度展开。一是利用不同时期、不同地域的翻译个案来说明意识形态对于翻译的影响，例如文本的选择、翻译策略的选择以及文本的接受等。这些研究大多是验证性定性研究。二是以意识形态为切入点，对翻译史进行梳理，描述意识形态对翻译的操纵，特别是对翻译文学经典的操纵。继巴斯奈特和勒弗维尔之后的众多研究不仅看到了翻译活动受社会意识形态操纵的一面，而且揭示了译者在拟译文本的选择与翻译实践中所突出的作者和/或译者的个人意识形态理念对社会意识形态形成对抗与对立。"改写论"所谈的操控性意识形态是社会主流意识形态，没有考虑主流和非主流等多种意识形态并存、主流意识形态与国家叙述未必一致等复杂问题。后续的研究使人们意识到，更多的时候通过翻译引进异文化的文本，正是引进新的、在译入语社会是非主流的意识形态。主流意识形态与非主流意识形态的交锋、对峙、妥协体现在文本中。意识形态对于翻译研究的启示已经成为共识，"文学文本的价值中最重要的一个问题是体现在意识形态范畴内的各种价值观念和权力关系交织冲突的深度与力度上。这里既有作者、译者、编者等个人的世界观、价值观、伦理观,即他们的意识形态性,也有他所在的社会意识形态对他的塑造与规范,它们形成对抗与对立,矛盾和冲突,这种关系又反映在作品中,这种多重矛盾凸显的正是意识形态问题"(吕俊,2008)。

笔者认为,上述勒弗维尔的精辟论述虽然经典,但尚不能完全涵盖本节所做的《红星照耀中国》译本研究中凸显的意识形态内容。意识形态概念作为本书的一个关键理论依据,具有的内涵和外延需要在下文予以梳理与明确。

意识形态(idéologie)是一个具有长期、复杂历史的概念,这个词由法国思想家特拉西(Destutt de Tracy)于1796年正式提出,意指"观念学说"或"观念科学"。在此后的世纪它经历了许多变化,时至今日,"意识形态"已是西方思想史上一个内容极其驳杂、用法非常混乱、用途十分广泛的概念。从特里·伊格尔顿(Terry Eagleton)总结的有关"意识形态"的六种流行定义——"一个社会的信仰和价值、特定集团或阶级的世界观、某一集团从其他集团夺取利益的合法化工具、置人民于统治强权下的方法、维护统治集团的欺骗性话语、社会自身滋生的虚假性或欺骗性信仰"(Eagleton,1991:5),我们可以看出这一概念指涉的宽泛。而撒姆纳(Colin Sumner)归纳的十种定义更让人有感于意识形态的无所不包:"意识形态指:(1)指基于虚假意识的信仰体系,虚假意识的根源在于阶级利益。(2)指基于乌托邦幻想而形成的思想体系,乌托邦幻想的根源在于个人旨趣。(3)指根据事物的表征而形成的错误观念。(4)指任何系统化、体系化、标准化、制度化的思想体系。(5)指基于特定的生产方式和经济结构而形成的思想意识。(6)指排斥理论探寻而一味追求实用性的不科学的信念(如民间迷信)。(7)指人们在无意识中幻想出来的与现实世界的种种关系。(8)指思想领域中的各种阶级斗争活动。(9)指具有政治意味和政治效果的社会实践活动。(10)指一种独特的社会实践活动,个人凭此生存于社会整体之内,并切身感受自己与整体之间的关系,感受社会的'真实'状况。"(Sumner,1979:5)笔者将借鉴哲学界的研究成果,简要引述意识形态概念历史发展中重要的观点,以明确本书所采纳的意识形态概念所具有的意义内涵、外延以及立场。

"意识形态"一词虽然最早是由特拉西创造的,但真正改变其命运的却是马克思。"可以这样概括马克思思想的发展:他先是从哲学上批判宗教,其次是从政治上批判宗教和哲学,再次从经济上批判宗教、哲学和政治,然后兼及一切意识形态。"(Korsch,1970:85)在马克思那里,"意识形态"始终是一个贬义词,意识形态即"虚假意识"——"人们迄今总是为自己造出关于自己本身、关于自己是何物或应该成为何物的种种虚假观念"(马克思、恩格斯,1972:15)。意识形态"全都是资产阶级偏见,隐藏在这些偏见后面的全都是资产阶级利益"(马克思、恩格斯,1972:283)。有学者归纳了马克思意识形态概念的五个主要特征,笔者认为其中的三个特征于本研究有相关意义。第一,实践性。意识形态不是纯粹空洞的东西,它具有意向性,即它总是指向现实的。人们在社会生活中形成的意识形态观念,都是他们的现实活动和现实关系的有意识的表现,这些观念总是指向现实的,总是有自己特定的社会内容的。人们之所以接受意识形态的教化,努力与意识形态认同,正是出于实践的目的。第二,总体性。在马克思和恩格斯看来,意识形态是由各种具体的意识形式——政治思想、法律思想、经济思想、社会思想、教育、伦理、艺术、哲学、宗教等构成的有机的思想体系。第三,阶级性。统治阶级的思想在每一时代都占统治地位,支配着物质生产资料的阶级,同时也支配着精神生产资料,并调节着自己时代的思想的生产和分配。(俞吾金,1993:129-137)

"对于列宁来说,意识形态涉及不同阶级的利益和政治意识,他特别强调资产阶级和社会主义意识形态的对峙。"(Bottomore,1983:222)"对于无产阶级来说,意识形态既不是加入战斗的旗帜,也不是对其真实目的的掩饰;它是客观的,并且就是武器本身。"(Lukacs,1971:311)以马克思主义的唯物史观和剩余价值理论为基础的社会主义和共产主义意识形态,就不再是虚假的意识形态,而是正确揭示资本主义社会的运动规律、适应社会历史发展潮流的科学的意识形态。

曼海姆区分了两种意识形态。特定意识形态"指我们怀疑我们的对手提出的观念或表征。它们是对情形的真实本质所做的或多或少的有意掩饰,对于情形的真实本质的认知不符合其利益。这些扭曲自始至终包括:从有意的谎言到半自觉或不知情的掩饰,从精心欺骗他人到自欺欺人"(Mannheim,1936:49)。整体意识形态指"一个时代的意识形态,或一个特定社会历史集团(即阶级)的意识形态,这时我们关心的是这个时代或这个阶级的心灵的整体结构的特征与构成"(同上:50)。

安东尼·葛兰西是西方马克思主义的早期代表人物之一,他阐述了意识形态在西方工业社会结构中的特殊地位和作用。在马克思那里,市民社会是物质生活关系的总体,是从属于经济基础的,葛兰西则把它归入上层建筑的范围内:一个能够被称作是"市民社会"(civil society),即通常被称作"民间的"社会组织的集合体;另一个则是"政治社会"

(political society)或"国家"(Gramsci, 1971: 12)。葛兰西提出了新的领导权理论,即相对于政治社会的"政治领导权"(political hegemony)和相对于市民社会的"文化领导权"(cultural hegemony)或"精神的和道德的领导权"(intellectual and moral leadership)。(Gramsci, 1971: 59)在葛兰西的领导权秩序中,人们采取由处于统治地位的世界观所决定的框架分析现存制度,进而处理自己面临的具体的现实问题。

路易·阿尔都塞的《意识形态与意识形态国家机器》1970年初次发表于法共《思想》杂志,成为20世纪70年代以来文化研究的重要思想来源。这篇文章进一步发展了马克思、列宁和葛兰西的国家理论,在对国家社会结构的讨论中,强调了意识形态发挥社会功能的物质性存在机制,将对资本主义的意识形态分析和文化批判深入到社会文化的各个具体领域。他提出了"意识形态的国家机器"的新概念,与"国家机器"相对,前者属于社会领域的范畴,主要由宗教、教育、家庭、媒体文化等因素构成,通过意识形态发挥作用;后者属于国家领域的范畴,通过暴力发挥作用。意识形态国家机器是确保政治国家机器(军队、法庭、监狱)存在和发展的基本条件。意识形态国家机器常常是阶级斗争的阵地,因为处于权力漩涡中的阶级不会像在国家机器的较量中那样轻易地放弃自己的阵地,因为统治阶级能够长期维护自己的有利位置,而且被统治阶级能够在意识形态国家机器那里找到表达不满的方式和机遇(阿尔都塞,1987)。他说,"据我所知,没有一个在意识形态国家机器之中并在它之上发挥作用的领导权"(Althusser, 1984: 20)。"占统治地位的意识形态是统治阶级的意识形态,它不仅帮助统治阶级统治被剥削阶级,而且使统治阶级把它与世界之间的活生生的关

系作为真实的和合理的关系予以接受,构成统治阶级本身。"(Althusser, 1977: 235)

雷蒙·高斯区分了三种不同的意识形态概念:一是"描述意义上的意识形态"(ideology in the description),二是"贬义的意识形态"(ideology in the pejorative sense),三是"肯定意义上的意识形态"(ideology in the positive sense)(Geuss, 1981: 5)。英国社会学家约翰·汤普森认为,"意识形态的所谓中性概念可以视为有关社会行动或政治实践的'思想体系','信仰体系'或'象征体系'。每项政治纲领中都有意识形态,意识形态也是每个有组织政治运动的特征。掌握这一概念,分析家就可以设法勾画和描绘激发社会和政治行动的主要思想体系或信仰体系"(Thompson, 1990: 4)。本书把意识形态当作一个中性意义上的描述性概念,以之分析一定的社会制度、政策、实践,不论真假是非,不做价值判断。意识形态是一套在某个特定社会中发挥决定性作用的观念体系,在社会和谐、社会控制、社会动员方面都能发挥巨大作用。此外,意识形态还可以为一个特定的目标、一套特定的价值进行辩护,使一定的政治权力合法化。

根据意识形态对社会影响的深度、广度和强度上存在的差异,意识形态可分为"主流意识形态"和"非主流意识形态"。主流意识形态是定于一尊的"老大",对社会公众具有非同寻常的影响力。所谓"主流"包括两个方面的含义:第一,它无论在深度上还是广度上,都对社会公众产生着强烈的影响;第二,它常常依靠政治权威维持自己的影响力,特别是在它丧失了广泛的群众基础之后,以维持某个特定团体的利益。作为主流的社会意识形态是一个社会在一定历史时期内表现出来的为维护当权统治阶级利益的观念体系。主流意识形态之所以成为主流意识形态,可能是各种意识形态自由竞争的结果，也可能是由某些特定利益团体刻意栽培、扶植起来的，还可能是在自由竞争站稳脚跟之后再由某些利益团体刻意维护的结果。人们总是按着一定的意识形态构筑自己的政治生活，建立自己满意的政治制度；同时也总是在不满意于自己构筑的政治制度时，向流行的意识形态发出挑战，进而向现存秩序发出质疑和挑战。在某些社会中，封闭型的主流意识形态是由官方认可的唯一合法的意识形态，它维护某个特定利益集团的利益，对社会的真实状况做最大限度的扭曲。在一个开放的社会中，主流意识形态是可以存在的，但这并不意味着它是唯一合法的意识形态；昔日的"主流"完全可能成为今日的"末流"，今日的"末流"完全可能成为明天的"主流"。（季广茂，2005b：23－24）

本书强调意识形态的政治功能，政治与意识形态不可分割。从"意识形态是旨在保存社会结构的政治神话"（Lasswell and Kaplan，1950：117）这一界定中可以看出意识形态与政治的姻缘。F. 格罗斯从价值论的层面上定义政治意识形态，认为"政治意识形态即政治价值、经济价值、社会价值及其观念"（Gross，1948：5）。另有西方学者认为："政治意识形态是人们在政治体制和政治制度方面持有的观念和信仰。人们总是按着一定的意识形态构筑自己的政治生活，建立自己满意的政治制度；人们总是在不满意于自己构筑的政治制度时，向流行的意识形态发出挑战，创造出所谓的反意识形态，进而向现存秩序发出质疑和挑战。在这个意义上，政治意识形态最重要的功能是动员民众投身于政治运动之中，以改变其生活方式，改革现存的政治、社会和经济关系。"（Macridis，1986：8－12）

意识形态与政治的关系紧密。研究意识形态"是研究意义（或意图）是如何服务于统治关系的。"（Thompson，1984：4）"在现代社会条件下，意识形态范畴本身所具有的强烈的政治实践性，使得它与政治之间存在着一种十分密切的关系，因此人们常常会把政治与意识形态在某种意义上等同起来使用，一方面意识形态表现出强烈的社会政治纲领性，是政治合法性的观念基础、解释框架和整合力量，另一方面政治活动中又必然包含意识形态的因素，是立足于一定的意识形态基础之上的获取利益和争夺权力的斗争过程。"（张秀琴，2007）下列定义都从意识形态与政治的关系角度定义前者，如把意识形态定义为"构成社会政治纲领的整体化的断言、理论和目标"，或定义为"用来解释复杂社会现象的信仰模式与概念模式，目的在于帮助个人或群体在面临社会政治选择时，对政治选择予以简化和定向"，或定义为"完全或部分地建立在虚构和想象基础上的极端主义的社会政治纲领或哲学思想"（Webster，1968：76）。本书认为，政治是一种意识形态，政治意识形态包括作为意识形态的政治理论、作为意识形态的政治制度和作为意识形态的政治实践。政治理论在政治制度中的具体落实表现为政治实践。从某种意义上说，意识形态就是以理论形态表现出来的政治活动的企图，它需要借助于政治制度和政治实践活动来最终实现，并在这一实现过程中完整表现其自身的观念和信仰体系。（张秀琴，2007）

西方对翻译政治问题进行学理上的探讨，始于20世纪后半叶。美国学者沃纳·温特在撰于1961年的《作为政治行为的翻译》（Translation as Political Action）一文谈及斯大林之后的苏联的翻译活动时，就专门讨论了苏联的种种"教条管束"及其通过将非洲、亚洲国家文学译成俄语来博得这些国家友善态度的用心（Niranjana，1992：60）。1981年Maria Nita Doron 与 Marilyn Gaddis Rose 合作发表《翻译的经济与政治》(*The Economics and Politics of Translation*),对翻译出版市场的政治做了分析。英国学者赫曼斯(Theo Hermans)通过文集《文学的操控:文学翻译研究》中对"操控"概念的引入,提出了翻译的政治问题。该文集赋予20世纪70年代以来伊文-佐哈尔(Evan-Zohar)、吉登·图里(Gideon Toury)、乔斯·朗贝特(Jose Lambert)、安德烈·勒弗维尔、苏珊·巴斯奈特等以色列、比利时、英国学者的描述性翻译研究以"操纵学派"之名。赫曼斯勾勒了该学派的"翻译文学观",即"该学派学者的共核是:文学是一个复杂的、动态的系统;是一种倡导理论模式与实践个案研究彼此互动的信念;是一种描述性的、由目的语组织起来的、功能性的而又系统的文学翻译路向;是一种对操控着翻译的生产与接受的准则与制约的兴趣,对翻译与其他文本加工类型之间关系的兴趣,对位于某种文学内与不同文学之间互动中的翻译的角色、位置的兴趣。"(Hermans,1985:10-11)引文中的"由目的语组织起来的""操控着""准则""制约""翻译的生产与接受"等话语具体地触摸到了翻译在不同文学系统中呈现的权力关系。

进入90年代,翻译的政治问题研究进入比较成熟的阶段,许多学者纷纷从文化批评、解构主义、后殖民批评、女性主义批评等视角对这一问题进行多元探讨。美国文化批评家安德烈·勒弗维尔首先于1992年系统提出了充满浓郁权力色彩的"改写"概念,改写为权力服务。1993年著名印度裔美国后殖民批评家斯皮瓦克(G. C. Spivak)的论文《翻译的政治》,从后结构主义、后殖民主义、女性主义的多重视域考察翻译的政治(Spivak,1993)。1996年加拿大女性主义批评家谢莉·西蒙(Sherry Simon)在《翻译中的性别》

中用"传译的政治"（the politics of transmission）这一稍有不同的用语从性别角度讨论翻译的政治。同年西班牙学者罗曼·阿尔瓦雷斯（Roman Alvarez）和卡门-阿弗利加·比达尔（M. Carmen-Africa Vidal）在其主编的《翻译、权力与颠覆》论文集的首篇明确宣称"翻译乃政治行为"，指出译者往往受制于他们自身的意识形态、源语文化与目的语文化的强势/弱势感觉、所处时代的主流诗学原则、文本语言本身、主流机构和主流意识形态对译者的期望、大众读者对翻译的接受能力等因素。这样一来，翻译的行为也就不可能是真正客观和中立的。1998年美国翻译学者劳伦斯·韦努蒂（Lawrence Venuti）在《翻译的丑闻：走向差异的伦理》一书中对"翻译的文化-政治议题"同样表示了极大的关注。2002年在美国学者提莫志克（Maria Tymoczko）和根茨勒（Edwin Gentzler）编辑的《翻译与权力》论文集中，各国翻译学者发出了同一个声音，那就是翻译不仅仅像语言活动那样从甲语言到乙语言么简单，它的背后还有着或大或小的权力操纵。

国内学者的研究在时间上略为滞后，研究深度也大体没能超越国外的同行。2001年许宝强、袁伟选编了《语言与翻译的政治》，首次翻译了当代西方知名的八位文化批评家的论文。其中有法国著名批评家福柯的《话语的秩序》、印度批评家尼南贾娜的《为翻译定位》等。2004年上海外国语大学汤菁的博士论文《当今中国的翻译政治》运用广义的"政治"（包括计谋、决策及人类社会关系的总和等）概念来探讨翻译过程或翻译活动的政治。2005年费小平的《翻译的政治——翻译研究与文化研究》是第一本明确以"翻译的政治"为专题的著作，采用政治学、社会学、性别批评、后殖民批评等视角，对翻译所导致的不同文化碰撞与文化对话中的权力关系进行了系统清理,并进行了比较文学层面的学理阐发。

2.3 斯诺研究以及《红星照耀中国》的汉译

《红星照耀中国》的作者是美国著名记者和作家埃德加·斯诺(Edgar Snow,1905—1972)。他于 1928 年来到中国,在中国生活和工作了 13 年。作为伦敦、纽约和芝加哥几家报纸的驻华记者,他在当时苦难的中国采访了不少重要人物,亲历了不少重要事件。因其正义与对中国人民的热爱,与一代伟人鲁迅和宋庆龄成为挚友。鲁迅先生说过,斯诺"之爱中国,远胜于有些同胞自己"(鲁迅,1981)。宋庆龄说:"斯诺你算是弟弟,你在美国并不会幸福的,你是属于中国的。"(斯诺,1984:98 - 99)他由于在 1941 年报道了皖南事变的真相,被国民党当局剥夺了记者工作的权利,被迫离开了中国。此后,斯诺于 1960 年、1965 年、1970 年三次来访中国。他在临终遗言中说:"我热爱中国。"(黄华,1984)按其遗愿,他的一半骨灰留在了北京大学未名湖畔。

斯诺一生著述 11 部,其中 9 部与中国有关。这 9 部作品是:1933 年的 *Far Eastern Front*,1936 年的 *Living China: Modern Chinese Short Stories*,1937 年的 *Red Star Over China*,1941 年的 *The Battle for Asia*,1944 年的 *People on Our Side*,1957 年的 *Random Notes on Red China*,1958 年的 *Journey to the Beginning*,1962 年的 *The Other Side of the River: Red China Today*,以及 1971 年的 *The Long Revolution*。这些作品除了 *People on Our Side* 一书之外都有了中译本。

1936年6月,中共中央希望通过宋庆龄邀请一位公正的记者和一名医生实地考察陕北红区的情况,了解中共的抗战主张。宋庆龄选定的记者就是埃德加·斯诺。1936年6月至10月间,斯诺进入陕北苏区进行系统深入采访,写作了《红星照耀中国》,1937年10月由英国维克多·戈兰茨(Victor Gollancz)公司出版,引起世界轰动。美国版1938年1月3日由兰登书屋发行,成为有关远东时局最畅销的书,也引起了时任美国总统的富兰克林·罗斯福的关注和兴趣。孙华、王芳(2012:219-234)综合目前出版物中的斯诺年表整理了一份新的年表,根据他们的年表,斯诺曾于1942年2月24日、1944年5月26日、1945年3月3日三次受到罗斯福总统的接见。随着英国、美国版的相继问世,该书不胫而走,风靡各国。从20世纪30年代后期开始,它已陆续被译成中、法、德、俄、西、意、葡、日、朝鲜、蒙、荷、瑞典、印地、哈萨克、希伯莱、塞尔维亚以及印第安方言等数十种文字出版,驰誉全球(张小鼎,2006b)。中华人民共和国成立后,斯诺又曾三次重返中国。他的著作报道了中国社会主义革命和建设的进程,并对中美关系的正常化起到了积极的推动作用。1993年,北京大学设立了斯诺研究中心,在中心成立大会上,国务院原副总理黄华、北京大学原党委书记王学珍、北京大学时任校长吴树青、全国政协常委爱泼斯坦、新中国第一位女大使龚普生、著名作家萧乾等人致辞,高度评价斯诺的成就与贡献。

在《红星照耀中国》之前,1936年斯诺组织编译出版了《活的中国——现代中国短篇小说选》。这是第一部以英文出版的中国小说集,编译这本书对斯诺的意义非同寻常——这本书的编译,正是他在鲁迅先生指引下,认识旧中国的现实和新中国前景的开端。正如萧乾同志所说,"这项工作使斯诺大开眼界，他从中国事态的表层进而接触到中国人民的思想感情，使他在对中国现实的认识上，来了个飞跃。编译《活的中国》是写作《西行漫记》的前奏"（萧乾，1978）。《活的中国》第一部分选译了鲁迅的《药》《孔乙己》《祝福》等7篇作品，第二部分"其他中国作家的小说"包括沈从文、茅盾、巴金、郁达夫、丁玲、柔石等14位作家的17篇作品。斯诺认为，西方读者通过这个选本，"可以看到活的中国的心脏和头脑，偶而甚至能够窥见它的灵魂"（斯诺，1936："序"）。这本书前后费时五年，1936年岁末由英国伦敦的乔治·哈拉普公司出版。斯诺曾回忆："我的日本经纪人来信说，东京一出版社想重印英文版的《活的中国》。众所周知，美国的中国语言文学课也需要这一本书。不但许多美国人，也有不少中国人向我索要此书。"（斯诺、易人，1993）1964年哥本哈根还用丹麦文出版了《活的中国》，1983年湖南人民出版社用中文再版了《活的中国》。

此外，*The Other Side of the River: Red China Today*（《大河彼岸：今日红色中国》）也被认为是斯诺具有影响力的书。这本书是他时隔二十年后于1960年第一次访问新中国所做的详尽报道，用事实和数字向读者介绍了中国老百姓的生活和他们所关心的问题，其中最重要的是他对毛泽东主席的采访和两次与周恩来总理的谈话。该书谈到了他所认识的几位革命领导人以及他们目前在做什么，介绍了中国社会的组成等情况。这本书也批驳了西方媒体传播的关于中国和中国人民的主要谎言，还谈到当时存在的某些问题和缺点，指出中国人民的面前还有很长一段路要走。

1984年出版的四卷本《斯诺文集》主要搜集了斯诺各个时期的代表作。第一卷《复始之旅》是斯诺记者生涯的自述,由宋久、柯南、克雄翻译。第二卷《红星照耀中国》即董乐山译的《西行漫记》。第三卷《为亚洲而战》描述了1937年芦沟桥事变后日本帝国主义大举侵华的情况,译者不详。第四卷《大河彼岸》,新民节译。除了第二卷是再版外,均为首次在我国公开发行。

斯诺传奇的人生、突出的文学及新闻成就,以及他在中美交流史上所扮演的重要角色,使得他像一座丰富矿藏,吸引着学者的兴趣。斯诺生前,人们阅读他的著作,从中受到启迪和教育。逝世后,对他的各种纪念活动和学术著述使得"斯诺研究"成为一个常说常新的话题。西方斯诺研究的主要内容是媒体和学界对《红星照耀中国》的积极正面的评价。

斯诺不为片面的虚假宣传所迷惑,他总是亲自调查、反复印证。美国历史学家哈罗德·伊萨克斯(1999:212)的调查说明,作为美国人对中国人印象的主要来源,《红星照耀中国》仅次于赛珍珠的《大地》。前者在"大多数美国人的头脑中开始产生出与蒋介石的国民党的笨手笨脚、腐败、靠不住的领导人截然不同的,作为朴素的、全心全意的爱国者的中国共产党形象"(同上:224)。从1927年大革命失败直到斯诺访问红军的十年里,美国和西方国家一直没有关于中国共产主义运动的第一手资料,借由斯诺的报道,西方特别是美国政府才注意到中国共产党这支抗日力量的存在,调整其对华政策。《红星照耀中国》也成为研究中国红色政权的重要读本。"中国通"、美国外交官谢伟思(Johns Service)认为,这本书使当时"基本上不了解情况的外界大为惊讶"(谢恩伟,1982:348)。美国作家、诺贝尔文学奖获得者赛珍珠感到"书中每一页都富有意义"(赛珍珠,1938)。《纽约时报》认为:"《红星照耀中国》是首次对共产主义的深刻报道,他(斯诺)对中国的报道是具有预见性的。"(转引自孙华,2011b)美国资深记者西奥多·怀特(Theodore White)评论:"是新闻报道的经典例证,埃德加对中国共产主义的发现和描述是一个惊人的成就,就像哥伦布发现美洲一样。他的1962年的书《大河彼岸》被公认为是关于中国共产主义的最好的单部作品。"(White,1972:45)美国历史学家欧文·拉铁摩尔(Owen Lattimore)曾说:"只有那些当时身在中国的人们,才能回味斯诺的《红星照耀中国》所产生的影响。……在人们政治上陷入思想苦闷的情况下,斯诺的《红星照耀中国》就像火焰一样,腾空而起,划破了苍茫的暮色。书中介绍了人们闻所未闻的,或者只是隐隐约约有点儿感觉的情况。那本书没有什么宣传,只有对实际情况的报道。原来还另外有一个中国啊!"(拉铁摩尔,1980)美国作家、哈佛大学费正清研究中心研究员彼得·兰德(2001:169)认为:"斯诺引起震动的关于共产党游击运动的报道《红星照耀中国》以文学想象所具有的魅力,写出了在神秘禁区里的旅行,至今仍散发着同样的气息。"20世纪60年代初,哈佛大学教授费正清博士(Dr. J Fairbank)说:"无论是作为历史的记录,还是作为发展趋势的预示,这部书都经受了时间的考验。这是埃德加·斯诺的光荣。"(Fairbank,1968)美国记者、作家哈里森·索尔兹伯里(1908—1993)评论:"正是由于《红星照耀中国》的深度和复杂性,使它有了活力和权威性,保证它在未来的年代里仍为人所诵读。凡是要了解当前中国的人,这是一本必读的书,事实上,一代又一代的人在读这本书。"(中国史沫特莱、斯特朗、斯诺研究会,1991:9)

许多外国人被这本书所吸引,通过它增进了对中国革命和中国共产党的了解。它曾激励一位充满理想的在西班牙内战中为民主而战的名叫戴维·柯鲁克（David Crook，1910—2000）的英国青年奔赴中国援助正在进行的革命。他事后成为新中国英语教学园地的拓荒人。据其回忆："当我还是一个年青人时，我的人生道路的改变在很大程度上恰恰是因为读了斯诺的《红星照耀中国》。在过去的40多年中，我和妻子伊莎白是在中国度过的，并且以中国为家，其中部分原因，也与读这本书有关。当《红星照耀中国》于1937年首次出版时，我在西班牙国际纵队战斗，那时我被派到后方执行任务，有机会读到了此书。"（柯鲁克，1991）日本人佐佐木信男在1952年初次读到斯诺的《红星照耀中国》后，思想上受到了强烈的冲击。他因从小接受日本帝国主义教育，一直认为中华民族是劣等民族，中国如果不在日本的指导下是无法发展的。读了斯诺的书，佐佐木信男"第一次认识到了中国人民为了中国的解放，胸怀伟大理想，经历了艰苦曲折的道路。其后，我又读了关于中国的报道，包括斯诺写的《为亚洲而战》，史沫特莱写的《伟大的道路》《中国的战歌》，读了《毛泽东选集》。我深深感到只有中华人民共和国才是能够解救中国人民的唯一政治力量，并希望日本政府能早日承认它"（佐佐木信男，1991）。

斯诺逝世后，美国和中国在日益扩大的范围内开展了对他的生平和事业的研究。在美国，斯诺的生前好友戴蒙德夫妇（Mary Clark Diamond & Grey Diamond）成立了斯诺纪念基金会和斯诺阅览室，在密苏里大学堪萨斯分院设立了纪念斯诺的图书资料中心。这一时期，西方对斯诺的研究成果主要是关于他的传记，现有三本。由法恩斯沃思（Robert M. Farnsworth）撰述的《从流浪者到记者——斯诺在亚洲1928—1941》一书，以斯诺和他的第一任妻子海伦·福斯特·斯诺的私人信件、日记和手稿为材料，分析了斯诺对中美关系的影响。作者认为,斯诺凭借与中国领导人之间的亲密关系,得以在冷战期间多次往返中国,在某种程度上保持了中美双方的沟通。该书以叙事为主,描述斯诺一生的经历,缺乏深入的分析和评价,学术性不强。汉密尔顿(John Maxwell Hamilton)所著的《埃德加·斯诺传》主要描述斯诺的工作经历,资料主要来源于斯诺的第二任夫人洛伊斯·惠勒·斯诺。该书对斯诺的思想及其对中国的思考有较多描述,但对历史资料没有给出引文。在托马斯(Bernard Thomas)的《冒险的岁月:埃德加·斯诺在中国》一书中,作者着重描写斯诺在旧中国的经历,大量使用了斯诺的日记,真实再现了其情感。

斯诺的11本著作中大部分与中国问题相关。在他热爱的中国,他享有持久不衰的声誉,有着广泛的朋友和读者群。最初的斯诺研究大多是宣传介绍和资料整理为主的纪念性、回忆性文章,近30年来在各种斯诺纪念活动的推动下,斯诺研究真正转入学术界。

斯诺研究的国内第一部论文集《纪念埃德加·斯诺》1984年出版。之后国内出版了《斯诺文集》(1—4卷)、《斯诺在中国》《纪念斯诺》《〈西行漫记〉和我》等资料和回忆录。编辑了《斯诺传奇》《世纪行》以及3本同名的《斯诺小传》,发表了百余篇研究斯诺的论文,翻译了上述美国学者约翰·汉密尔顿和伯纳德·托马斯的斯诺传记。

1993年3月4日,中国埃德加·斯诺研究中心在北京大学成立,北大师生开始系统地研究和介绍斯诺及其他国际友人的生平、事迹与活动,收集著作、手稿、图片和各种文献、资料,编译有关著述和传记。在2005年"斯诺百年"国际研讨会上,几十位国内外学者对斯诺进行了多种解读和多元评价,从"斯诺与中国""斯诺与新闻教育和业务"

"斯诺与跨文化传播与国际传播"等角度缅怀斯诺,其研究形成了《百年斯诺》的论文集。

2011年《埃德加·斯诺:向世界见证中国》总结了有关斯诺研究的多次国际会议的主要成果,体现了国内学术界对斯诺的研究不断向深度和广度发展,斯诺研究所涉及的学科日益多元,历史学、新闻学、传播学、国际关系学等研究角度开始交叉渗透。此外,研究队伍不断充实,越来越多的历史学、新闻学硕士生、博士生以斯诺研究为题。《斯诺对中美关系的影响》是国内首篇研究斯诺的博士论文,作者孙华通过挖掘斯诺书信等第一手资料,整理历史事实,认为斯诺通过三个不同时期新闻作品的传播,对中美关系的发展做出了贡献。

斯诺研究的纵深发展还体现在国内日益增多的对斯诺的第一位夫人海伦·斯诺的研究。海伦·斯诺在1937年4月到达延安进行采访,她收集了丈夫在陕北保安未能采访到的红军领导人的情况。她的采访不仅大大充实了斯诺当时正在撰写的《红星照耀中国》,而且还写成了堪称《红星照耀中国》姊妹篇的 Inside Red China(中文译名《红色中国内幕》,又名《续西行漫记》)。

可见,历史学、新闻学、国际政治和关系学范畴内的斯诺研究已经颇具规模,形成气候。笔者认为,从目前的研究现状来看,以翻译学的研究视角探讨斯诺现象可以作为上述已有研究的有益补充。研究斯诺的作品在中国的翻译与传播,是翻译学对斯诺研究的贡献。斯诺本人从事过中国短篇小说的英译,通过编译《活的中国》,他结识了鲁迅,并对中国社会和人民有了更为深入的了解。他最著名的作品——英文版的《红星照耀中国》"墙外开花墙内香",虽在英美率先出版,但在译入语国家——中国所产生的影响远远超出了其在英美这两个源语国家所带来的影响。在中国,广大读者读到的《红星照耀中国》是一系列的汉语译本。这些译本各具特色,参与了不同历史时期的历史书写,成为具有历史意义的译本。

仅在英文版《红星照耀中国》发行四个月之后,1938年2月,在上海出现了以"复社"的名义出版的第一个汉语全译本——《西行漫记》。从1938年至今近90年的历程中,《红星照耀中国》在中国出现了众多不同的译本,这些不同时期的代表性译本都广泛持久地吸引着中国读者。20世纪30年代,在令人窒息的气压下,《外国记者西北印象记》和《西行漫记》曾激动人心地引起争购传阅。新中国成立前,《长征25000里》《西行漫记》(副题《二万五千里长征》)把红军、共产党的精神,传播到爱国民众心中,为新中国的诞生赢得了更多的支持响应。不久,在一个接着一个的"左"倾的政治运动中,《西行漫记》仍然成为不灭的地下火种。改革开放伊始,随着文化开禁的春风,《红星照耀中国》译本再度燎原,翻译家董乐山重译的《西行漫记》风靡于广大新老读者中间。进入90年代,又有一部新的版本问世。斯诺在1968年曾对1937年英国戈兰茨初版做过一些重要修订,如将原书采用的现在时态改为过去时,增加了"年表""尾声""新的注解"等等。1970—1971年第三次访问新中国后,他又对1968年修订本进行了增补,这就是有名的"鹈鹕版"。1992年,河北人民出版社李方准、梁民的新译本即依据"鹈鹕版"的1977年增印本译出,全书较1937年初版增写扩充了约1/3的篇幅。书前除译者前言外,还冠有美国著名汉学家费正清的"引言"、斯诺1968年2月于日内瓦写的"再版自序"和1971年8月的"鹈鹕版自序"。这些均有助于人们进一步了解斯诺晚年对《红星照耀中国》一书的思想观点以及他对中国革命历史曲折进程（包括"文革"浩劫）的深切关注和独特见解。可以说，这一系列译本广泛、强烈、深远地震撼着中国读者的灵魂。这些情况既构成了《红星照耀中国》在我国传播、影响的主要脉络，也成为我们翻译文学史上一道独特的景观。

西班牙学者安东尼·皮姆在《翻译史研究方法》中指出四项翻译史研究原则：第一，翻译应解释为什么译作会出现在特定的社会时代和地点，即翻译史应解答翻译的社会起因问题，而许多狭窄的实际的研究方法基本上不能进行社会起因的分析。第二，翻译史的中心对象不应是翻译文本、上下文系统或语言方面的特点，而应当是作为人的译者，因为只有人能对社会起因负责。只有通过人（还包括委托人、赞助人、读者等）及其社会环境，才能理解为什么译作产生于特定的社会时代和地点。第三，翻译史重点在译者，故应围绕译者居住和工作的社会环境，即所谓译入语文化来研究，译者基本上都带有交互文化性。第四，人们为何要研究翻译史？是为了表达、面对或试图解决影响我们当前实际的问题。（Pym，1998：xi - ix）概言之，他的研究原则是注重翻译事件的起因，聚焦作为个体的译者。皮姆的这一论述给翻译历史研究带来了重要的方法论启示，启发笔者关注《红星照耀中国》翻译传播史上突出的历史事件、事件的起因、译者和翻译家等人物，关注译本对于当时中国人民对于政局的理解起到了什么样的作用，以及译文如何参与了历史书写。

"如果说英文版的《红星照耀中国》'让世界发现中国'，中文版的《西行漫记》则首次让'中国发现自己'，成为一部对中国近代社会产生巨大影响的译作。"（邹振环，1996）这里"中文版的《西行漫记》"指的是1938年在上海出现的以复社名义出版的最早的全译本。斯诺的著作自诞生之日起，就以雏形本、全译本、节译本、抽印本等多种版式和《外国记者西北印象记》《一个美国人的塞上行》《红旗下的中国》《长征25000里》《西北角上的神秘区域》等形形色色令人眼花缭乱的译名，绵延流传。在多达数十种各异的版本中，笔者认为以下六个版本具有历史意义：

一、《外国记者西北印象记》（以下简称《印象记》）。这是在斯诺夫妇热情无私的支持合作下，于1937年4月抗日战争前夕在北平以上海丁丑编译社名义秘密出版发行的，译者是王福时、郭达、李放、李华春。从出版时间来说，《印象记》抢先了一步，比英国戈兰茨出版社于1937年10月出版的英文版早6个月。上海复社版的《西行漫记》于1938年4月出版，《印象记》比它早11个月。《印象记》实际上只翻译了《红星照耀中国》57节中的13节，可以视为该书的"雏形本"。《印象记》的其余内容为斯诺的其他文字和史沫特莱、韩蔚尔、廉臣等人的文章，以及图片和歌曲。

二、《西行漫记》。胡愈之、林淡秋、王厂青、梅益等12人集体承译，上海复社1938年2月出版。这是在地下党支持下诞生在中国的第一个《红星照耀中国》全译本，共12章56小节。它虽秘密在上海"孤岛"出版，但恰逢全国掀起抗日高潮，因此不胫而走，流传广泛。

三、《长征25000里》（副题《中国的红星》），由史家康、顾水笔、赵一平、张其韦、祝凤池、王念龙六人合译，是启明书局1949年6月的新一版。之所以为新一版，是因为此书早在十年前即问世，是据1938年7月美国的兰登书屋再版本译出，多出了第13章"旭日上的阴影"。这是继复社版后，内容有所不同的又一全译本，也颇受欢迎，印行多版。

四、《西行漫记》（副题《二万五千里长征》），署名

"亦愚"翻译,1949年9月由上海急流出版社印行。扉页附有红军长征路线图,照片14帧。

五、《毛泽东一九三六年同斯诺的谈话》(副题为《关于自己的革命经历和红军长征等问题》),由当年毛泽东与斯诺谈话时担任口译工作的吴黎平主持整理,1979年12月人民出版社出版。它包括原书《红星照耀中国》的第4、5章,即《一个共产党员的经历》和《长征》;此外还收有三篇重要谈话《论反对日本帝国主义》《论统一战线》《中国共产党和世界事务》,因主持者的特殊身份与出版意图,它可以说是具有文献性价值的一个版本。

六、《西行漫记》(副题《红星照耀中国》),三联书店1979年12月出版。译者是著名翻译家董乐山,这是国内众多流传版本中唯一按1937年英国戈兰茨公司初版推出的全译本。

这些各具代表性的译本共同、持久地吸引着广大的中国读者,形成了影响深远的译作系列,也成为翻译文学史上的一道独特的景观。对此进行考察和研究不仅是必要的,也是迫切的,这种必要性和迫切性并不仅仅因为至今尚无人从事这方面的工作,而主要因为这一系列译作在中国产生的巨大影响和已取得的现有的相关翻译研究成果之间,还很不成比例。斯诺及其译作主要只是新闻学界、中美关系研究者的关注对象,国内翻译学界的相关研究是对两位翻译家——董乐山和胡愈之的研究,他们分别是《红星照耀中国》1979年译本和1938年译本的译者。值得一提的研究成果包括近年出现的三篇硕士论文。陈春莉(2009)《*Red Star Over China*三个中译本的比较研究》选取了三个不同时期的译本:1938年复社出版,书名为《西行漫记》的译本;1979年由董乐山译,三联书店出版的书名为《西行漫记》的译本;1992年由梁民、李方准译,河北人民出版社出版的书名为《红星照耀中国》的译本。作者采用描述翻译学研究方法,对三个文本作了比较,并对三个文本所存在的差异进行分类:由于不同时期的意识形态不同而产生的差异,由于诗学影响而产生的差异,既不属于受意识形态影响也不属于诗学影响的其他差异。其结论是:《西行漫记》三个译本的差异成因是多方面的。首先,三个不同时期的社会意识形态和诗学各不相同。其次,不同译者的文化修养和驾驭语言的能力不同。再次,原文作者的态度和立场的变化也是造成译文不同的原因。最后,三个译本所针对的读者群是不同的。译本不但要受到特定时期的意识形态和诗学的影响,也要能满足读者的要求和口味。该文旨在进一步证明翻译活动不是单一的语言转换,它受到政治、经济、文化等多方面的影响。其缺陷在于作者选取的例证多为文字上的表达差异,作者没能让人信服地说明这些译者个体的表述差异体现了各个译本在意识形态和诗学方面的差异,因此论述有些牵强附会。罗国强(2010)"An Analysis of the Translation of *Red Star Over China* in Light of Lefevere's Rewriting Theory"以《红星照耀中国》1939年赵一平译本和1979年董乐山译本为研究对象,聚焦意识形态因素对翻译策略的影响。其研究发现:两个译本都受到当时占主导地位的意识形态的影响,译者采用了省略、变形、增加三个手段来对原文进行改写。因两个译本所处的社会背景不同,其对原文的改写之处也不尽相同。此论文的问题是作者忽略了一个基本事实,那就是作者分析的这两个译本是根据不同的原文版本来译的——1939年的版本是根据斯诺1938年改写过的原文版本,而1979年的版本是依据斯诺1937年的初版来译的,前者包含13章,比后者多出了一章——"旭日上的阴影",因此作者列举的所谓的译者采用的省略等手段极有可能是原文本身的差异所导致。徐炜（2011）《从 Red Star Over China 四个中译本看意识形态对文学翻译的影响》选取了四个不同时期的中译本，即1938年由复社出版的书名为《西行漫记》的译本，1979年由三联书店出版的书名为《西行漫记》的译本，1992年由河北人民出版社出版的书名为《红星照耀中国》的译本和2005年由外语教学与研究出版社出版的《西行漫记》中英对照本，从四个方面比较差异：①初步资料，包括书名和序言；②宏观层次，包括章节标题、总体翻译策略和总体语言风格；③微观层次，包括受政治因素影响的词汇和受时间因素影响的词汇；④系统的背景，包括译本的接受性和译本间的相互关系。比较之后作者从意识形态影响方面对其差异的原因进行了分析，旨在证明目的语文化的意识形态操纵几乎渗透到了翻译活动的每个方面：从最初选择源文本进行翻译出版，到总体翻译策略的实施，到语言层次方面的措辞，以及到翻译文本的接受。此篇论文有着和陈春莉（2009）类似的毛病：以偏概全，说理欠充分。

《红星照耀中国》的第一个节译本《西北记者印象记》（下简称《印象记》）和第一个全译本《西行漫记》都诞生于20世纪30年代，这一时期的思想主潮乃是富国强民、振兴中华，在这个总的意识形态下面，分化出自由主义、易卜生主义、三民主义、国家主义、无政府主义、社会主义等带有对立性质的意识形态。20世纪20年代，孙中山为国民党制定"三民主义"的意识形态（费正清，2001：524 - 525），南京国民政府成立伊始，国民党就公开宣称："惟三民主义为救中国之唯一途径。"强调思想意识的统一对于中国走出贫穷积弱状况的必要性，并声言："凡反对三民主义者即反革命。"（江沛、纪亚光，2000：1）国民党及南京国民政府极力反对共产主义思想的传播,也反对其他任何一种思想意识的过分传播,以免影响三民主义思想意识的官方化地位。在国民党基本控制中国的统治时期,三民主义理论上是当时中国执政党的意识形态,却不能说它已经成为广泛接受的主流意识形态。与此同时,诸家新说都旨在唤醒国民,启蒙思想,并演变为各路更加激进甚至彼此对立的改革思潮。随着令许多苦苦求索者为之振奋的马克思列宁主义的引入,启蒙思潮变得更加激进,且发生质的变化。1920年陈独秀、李大钊对马克思主义的接受成为中国意识形态发展演变的一个重要标志。(费正清,2001:534-535)

抗日战争对现代中国意识结构直接发生了影响,其结果是民族积极性高扬,当时中国实际上处于一种战争意识形态制导之下。这个战时意识形态是大体一致的抗日救亡、保卫中国(王友贵,2003)。战争意识形态相对应的,是战时诗学,其特点是文艺为战争服务,为大众服务。作品,包括翻译作品,强调宣传性、政治性,紧跟事件的共时性。1937年的《印象记》和1938年的复社版《西行漫记》应运而生。它们在"孤岛"、解放区以及国统区的接受与传播历史体现了不同意识形态在每一个政治区域里的博弈。

启明版和急流版的《红星照耀中国》译本均出现在1949年新中国成立前,此时的意识形态格局依然复杂,国民党大势已去,共产党即将全面执政。可以说,《红星照耀中国》各译本的译者和出版社旨在通过文字翻译实现意识形态启蒙,为共产党建立新中国做舆论准备。

翻译主体间性特征涉及诸多人与人之间的关系,如作者与译者、译者与读者以及译者与赞助人之间的关系,因而翻译活动是一种伦理活动。对原文忠实是每一位译者本应持有的态度与立场。法国著名翻译学者安东尼·贝尔曼(Antoine

Berman)在其《翻译的显形》(The Manifestation of Translation)一文中首次提出了"翻译伦理"的概念(Berman,1984/1992:5)。在《翻译批评论:约翰·唐》中他再次指出,翻译的伦理"在于对原文的尊重"(Berman,1995:7),翻译要对应原作和它的语言。但同时,译界的另一基本共识是:翻译也是一种受作为意识形态存在的政治价值观的影响的活动,意识形态对翻译文本进行着操纵性改写。因此译者持有的伦理价值观和政治价值观之间就可能相互影响,在译者翻译的过程中形成博弈。

1949年后,中国逐渐建立起以马列主义为理论基础的社会主义政治意识形态。政治意识形态处于文化多元系统的主导地位。虽然勒弗维尔提出的制约文学翻译的因素中,诗学也是其中的一种主要操纵力量,但在政治意识形态处于文化系统主导性地位的情况下,诗学本身也受制于政治意识形态,成为政治意识形态的附庸。新中国成立后国家政权、赞助人、意识形态、诗学等文学系统内外的操控因素高度统一。我国主流意识形态——马克思主义指导的社会主义意识形态对外国文学译介进行了有力操控。"赞助人作为主流意识形态的代言人,采取了许多操控手段如文本选择、'内部发行'、'出版说明'、删节省略等来迎合主流意识形态。本时期外国文学翻译是构建、强化主流意识形态,对群众进行政治教化的工具。'文革'时期赞助人(主要是'四人帮')与当时主流意识形态——极左意识形态达到高度一致,他们对外国文学翻译的操控也达到了前所未有的极端。意识形态的操控主要体现在外国文学选目上,而赞助人除了文本选择和'内部发行'外,通常在译作前言或序中提供导读或批判材料,从而对作品的意义进行操控。粉碎'四人帮'之后的70年代末期,旧有政治意识形态及'文革'时极左意识形态的影响仍然存在。80年代起主流意识形态的操控变弱，而本时期的赞助人——主要是出版社在文学翻译和出版中的作用越来越突出。该时期外国文学翻译回到了它的本质功能上，即成为了满足人民审美需要的手段和加强中外文化交流的媒介。"（王友贵，2003）

三联版《西行漫记》和人民出版社版的《毛泽东·九三六年同斯诺的谈话》于1979年面世，时值"文化大革命"刚刚结束，但政治意识形态对文艺话语的影响和控制并没有消退，"文革"的价值观影响依然存在。与此同时，意识形态的高压已经减弱，一种尊重历史的史学价值观与"文革"价值观展开了博弈。

笔者认为，《红星照耀中国》作为一部由外国人写作的关于中国红区的英文作品，在海外的影响力虽不可小觑，但其真正震撼的是中国人民，广大中国民众读到的是翻译成了中文的译本，因此真正具有历史意义的是《红星照耀中国》的一系列译作。可以说译作已经超越了原作的生命周期，使原文在中国获得了"来世"，英文版的《红星照耀中国》得以重生。研究译作的传播与影响，正是当代翻译研究感兴趣的话题。下文将深入研究《红星照耀中国》中译史上三个不同时期的六个代表性译本，以博弈论为理论工具，分析这些译本的产生与传播过程中所体现的博弈。具体而言，抗战时期《红星照耀中国》的翻译与传播是一种多方政治势力的博弈，新中国成立前夕的翻译是体现译者同时持有的不同价值观的博弈，后"文革"时期的翻译是反映这一时代同时具有的不同价值观的博弈。各个版本的最终面目是博弈的结果，它们都不同程度地参与了当时的历史书写，影响了读者对现实、历史的看法。

第 3 章 抗战时期的翻译——
政治势力零和博弈的结果

　　20世纪三四十年代中国的抗日战争经历了一个由局部抗战到全面抗战的过程，即六年的局部抗战阶段（1931—1937）和八年的全面抗战阶段（1937—1945）。从1931年九一八事变到1937年七七事变，是日本帝国主义由对中国的地区性侵略向全国性侵略急剧升级的时期，也是中国人民由局部抗战向全国性抗战过渡的时期。九一八事变使中日民族矛盾迅速尖锐，中华民族面临着空前的危机。然而在此形势下，国民党蒋介石却仍然视共产党为主要敌人，宣称"外患不足虑，内匪实为心腹之患"，将"攘外必先安内"确定为处理内政外交的基本国策。其政策的基本点，对外是针对日本侵略者，对内则针对中国共产党，而且"剿共"被当作抗日的前提。蒋介石做出这样的政策选择，完全是为了防止中国共产党力量的成长，维护大地主大资产阶级的反动统治，是为这一阶级的利益服务的。西安事变后，国民党虽然已经放弃"安内攘外"政策，却未放弃反共立场。国民党采取联共政策，虽然是抵抗日寇的一种需要，但在很大程度上也是对付中共的一种策略，即将武力"剿共"改变为和平"招

第3章 抗战时期的翻译——政治势力零和博弈的结果

抚",目的还是为了"根绝赤祸"(陈先初,1992)。在国民党统治区,共产党广泛团结各党、各派和各界人士,反对国民党一党专政,呼吁建立民主联合政府,直接冲击了国民党的统治。

支持共产党政见的人致力于把报道红军的斯诺作品翻译出来,让中国老百姓了解共产党及其主张,而国民党当权派视共产党为洪水猛兽,他们致力于封锁、阻碍这一类作品的面世。因此,斯诺作品的面世就体现了一种政治的博弈结果,即国共两党政治主张的博弈结果。《外国记者西北印象记》(以下简称《印象记》)的翻译组织者王福时虽然不是共产党员,却始终与中国共产党风雨同舟,是为抗日民族统一战线和中华民族的解放事业做出了杰出的贡献的爱国人士(《人民政协报》,2011年10月13日)。《西行漫记》的组织者胡愈之是中共党员。以译者为代表的博弈一方的收益是《印象记》和《西行漫记》的问世及其巨大影响,而国民党和日军一方的博弈结果是只能消极查禁。共产党方面的收益则意味着国民党和日军方面的损失,这形成了一种政治的零和博弈结果。

《印象记》于1937年4月间在北平秘密出版发行,它翻译了斯诺以及其他外国人的新闻报道,真实地向外界披露了中国西北红区的情况、西安事变的真相及中国共产党的抗日主张,使在陕北坚持抗战的中国共产党赢得了国际社会的重新认识和广泛支持。在这本书的影响下,成千上万的爱国进步青年"朝圣"一样从祖国各地涌向陕北,奔赴抗日前线。

《红星照耀中国》的第一个全译本——复社版《西行漫记》出现在1938年2月的"孤岛"这一特殊历史时空。当时的各方政治势力针锋相对,斯诺一书得以翻译、出版、发行、广为流传,是这场零和博弈的一方——中共政治的收

53

益，也就是博弈的对方——国民党和侵华日军的损失。"孤岛"是个同时具备地理和时间两方面意义上的概念，这一时期的文学译介政治性很强。当时多种政治势力共存于上海，其中以中共、国民党、侵华日军为主，构成一个多方博弈阵容。中共的影响主要体现在翻译组织者胡愈之的活动，国民党的策略是对译作以及斯诺其他作品进行严格查禁，以阻止其传播。侵华日军对共产党人的进步爱国活动同样严密监视，试图对出版《西行漫记》等进步书籍的复社一网打尽。此外，《红星照耀中国》的原文作者斯诺是一位美国的记者，他也成为这一博弈的参与者。除了参与人之外，博弈的另一要素是行动和策略。因此，在这一场博弈中，各方分别采用了何种策略与行动，是否达成一种纳什均衡，谁的支付最大，这些都是值得探讨的问题，复社版《西行漫记》的问世，顺应了民众心愿和时代需要，成为抗战时期印数最多、销行最广的外国文学译著，并引发了"孤岛"文坛译介外国报告文学作品的热潮。这一热潮对我国作家把握这一文学样式艺术特性起了巨大的推动助益作用。复社版的成功面世及广为流传使得国人第一次真实认识了红军，毛泽东等共产党领袖；是在无产阶级的意识形态与资产阶级统治的激烈交锋中，中共新生政治力量战胜国民党统治和侵华日军的光辉成果。

3.1 《红星照耀中国》节译本——《外国记者西北印象记》

3.1.1 博弈参与人与博弈过程

埃德加·斯诺在1962年出版的《今日红色中国》（又名《大河彼岸》）序言里曾说："在《红星照耀中国》一书英文版出版之前，就有一个中文本出来，它向无数中国人第一次提供了有关中国共产党的真实情况。在这些读者中有不少青年人在我最近再度会面时已成为今日红色中国的二三层领袖人物。"他指的就是《印象记》。《印象记》1937年4月面世，时值中国局部抗战阶段，中日矛盾、国共矛盾并存。能在国民党严密控制的北平翻译出版此书，是斯诺、译者、出版者一众人等与国民党博弈的结果。斯诺夫妇和王福时等爱国人士是博弈的一方，其对手无疑是积极反共、防共、消极抗日的国民党当权势力。此书的翻译出版过程即是这一博弈的过程。《印象记》比英文版《红星照耀中国》的面世早6个月，比胡愈之等人以上海复社名义出版的《西行漫记》早11个月。它与《西行漫记》不尽相同，应该说各有所长，互为补充。

《印象记》的译者共四人——王福时、郭达、李放、李华春。王福时（1911—2011）当时身兼《印象记》的编辑、出版人和译者三职。他是九三学社主要创始人王卓然之子，辛亥革命的同龄人。他虽不是中国共产党员，却始终与中国共产党风雨同舟，为抗日民族统一战线和中华民族的解放事业做出了杰出的贡献（见网络文献9）。年轻的王福时受主张抗日救国的父亲的影响，在1936年12月西安事变发生之际,自发印制《公理报》,在流亡北平的学生和东北人士中散发,而当时这些人经常碰面的地方,就是斯诺的公馆——北平盔甲厂十三号。王福时常和一部分学生到他们家议论时政、探听消息,并介绍郭达给斯诺当秘书。1936年10月斯诺访问陕北回来,斯诺夫人帮忙整理笔记,打印原稿,冲洗照片,并在照片上写说明文字。他们很快将整理出来的一部分英文打字稿交给王福时,王福时意识到这批新闻稿件的重要性,立即组织斯诺的秘书郭达、李放和李华春翻译,大家通力合作,争分夺秒,边翻译边排版校对,交叉进行(王福时,2006)。"译者序言"表明了译者们的政治立场,他们宣扬"国内和平统一""国共重新团结""在这高唱团结救亡的时候,对共党的再认识与再估价,以避免一切的隔膜和误解,实在是必要的"。

郭达,即斯诺在《红星照耀中国》中提到的"许达",也是复社版《西行漫记》的译者之一,笔者将在下文介绍《西行漫记》译者群的文字中介绍其生平。

李放,原名李春芳,广东人,1933年7月经介绍到东北外交委员会图书馆工作。东北外交委员会是张学良政治外交上的"智囊团"和"储材馆"。李放参与出版两种刊物:一是《东方快报》,二是《外交月报》。一年后,他继任图书馆主任,带领10多个馆员在中外书报杂志中搜集有关中日关系、东北问题等资料,供张学良将军决策参考。李放还兼任《东方快报》和《外交月报》的编辑,主编《科学》《中学生》等副刊,直到七七事变爆发。1937年春,他夜以继日地完成了《印象记》的后半部分翻译和校对。1937年4月,李放经"东北救亡总会"常委兼宣传部部长于毅夫介绍加入中国共产党,1937年8月中旬,李放与陆续到达天津的王福时、郭达、余力步在"东北救亡总会"的领导下,创办《北方通讯》,揭

露日军侵略暴行,介绍东北、华北人民抗日斗争,李放和郭达负责搜集材料、编写稿件。(见网络文献1)

李华春,1935年夏从东北大学政治系毕业后,到曾任东北大学代理校长的王卓然主持创办的《东方快报》当编辑,曾参与编纂《外交大辞典》工作。他参加了北平一二·九学生运动,反对日本侵略华北和国民党政府的不抵抗政策。此后,在中国共产党东北特别委员会领导下,李华春与同事们一起,组织了东北文化协会,进行抗日救亡的宣传工作。李华春后经"东北救亡总会"常委兼宣传部部长于毅夫介绍加入了中国共产党。他负责《印象记》其中一章的翻译,并负责该书的发行工作。(见网络文献2)

《印象记》能在短短两个月内突击出版,主要是由于大家认识到这本书的重要性和紧迫性。斯诺夫妇无偿供给了王福时书稿和资料,还给予经济赞助,并提供了一部分纸张。(魏龙泉,2004)此外,这部书与张学良将军也有一定的关系,他委托并资助王福时的父亲王卓然主持出版《外交月报》和《东方快报》,而出版《印象记》一直得到王卓然和他手下员工的支持,从经理到车间主任,不少人直接参与了工作,且整个工作是在《东方快报》印刷厂内进行的。工人知道这是一本重要的书,积极性很高,日夜赶工,如期顺利完成出版。正如半个世纪后海伦·斯诺在给王福时的信中所言,"我们尽快把一切东西发表出来,你也尽快将中文译本出版。……这是真正的中美合作。你是我们在那些日子所从事的事业的伙伴。我们认识到不能浪费每一秒钟,后来证明这样做是对的。"(王福时,2002)

为保证这本书的安全出版发行,几位编译者独具匠心,采用书名《外国记者西北印象记》,将当时敏感的"陕北"和"保安"用"西北"统括。封面没有指明作者是外国记者"施乐"("施乐"是"斯诺"当年的译法)。虽在北平出版,出版社却改用"上海丁丑编译社出版"。当时这本书只印了5000册,地下发行。后来虽然陕西和上海等地也有几种不同名称的翻印本秘密流传,但均被国民党政府列为禁书,发行受到限制。但此书一问世便迅速名满大江南北,国统区进步人士和爱国师生争相阅读。(魏龙泉,2004)封面上是陕北少女跳抗日统一战线舞的图案,突出表现了宣传建立抗日统一战线的主题。封三刊登了毛泽东长征诗一首《红军不怕远征难》,第一次把毛泽东的诗词介绍给世人。

3.1.2 博弈一方的收益

译载着各方来源、以斯诺报道为主的《印象记》能在当时的北平出版发行,并秘密地广为流传,这无疑是原作者、译者、出版者在这场博弈中的收益,他们的收益同时也是博弈的另一方国民党反共势力的损失,因为国民党的政策是严禁此类书籍的出版,封锁共产党的消息,因此它们形成一场零和博弈。那么,《印象记》具体包括哪些内容呢?

《印象记》于1937年4月在北平以上海丁丑编译社名义秘密出版发行,约300页,20余万字,译载斯诺刚写成的《红星照耀中国》的一部分内容,即57节中的13节,约为全书的五分之一,因此可谓《红星照耀中国》的节译本或"雏形本"(张小鼎,2006b)。而在《印象记》中的斯诺作品,约有一半都不是《红星照耀中国》里面的内容。这些文章中,《毛施会见记》记述1936年7月15日至7月23日,以及9月23日毛泽东在保安与斯诺的六次谈话,涉及外交问题、抗日战争、内政、教育、第三国际、苏联和外蒙、联合战线等诸多重要问题。还有1937年1月21日斯诺在协和教会所作《红党与西北》的长篇报告,概述了国共合作与分裂,五次反围剿与红军二万五千里长征,分析了西安事变的背景和真相,阐述了中共抗日民主统一战线的政策等,曾在北平的西方人士中产生较大的影响。(王福时,2006)

《印象记》中除了斯诺的文章之外,还有美国经济学家诺尔曼·韩蔚尔(Norman Hauwell)报道四川红区情况的三篇文章:《中国红军》《在中国红区里》和《中国红军怎样建立苏区》。作者自称曾到苏区实地调查三个月,并参考《新闻周报》的有关文章,对红军的实力、苏区的建立、土地政策和税收等做了调查报告,是了解四川红区的一条重要的消息渠道。(同上)

另外还收录了毛泽东与美国记者史沫特莱的谈话——《中国问题与"西安事变"》。斯诺把这篇稿子交给王福时的时候并未提到作者,所以文前没有标明作者。这篇文章曾在1937年6月巴黎的《救国时报》上刊登,注明记者是 A. S.,为 Aqnes Smedley(史沫特莱)的缩写。谈话涉及1937年2月召开的国民党三中全会,2月2日发生的西安枪杀王以哲事件。毛泽东对西安事变做了澄清和透彻分析,提出国共合作共赴国难的八项具体建议,并预言对日作战不可避免。此文十分重要,毛泽东托人带一份给斯诺,并给他写了一封信,这篇讲话迅速在北平首次披露出去,对后来的抗日战争具有指导意义。

《印象记》中署名廉臣的《随军西行见闻录》取自巴黎《救国时报》,是李立三当年委托陈云作为红军随军记者采写的。这篇见闻假托一名被俘国民党医生的口吻,记录下长征的足迹,内容包括从江西出发,到1935年5月抵达四川西部离开为止,一路途经六省,历时八个月。文章长五十页,详细描述了长征途中的许多战斗和红军领导与战士生活的故事,是有关长征的第一手珍贵资料。文笔绘声绘色,真实可信。它与书末首次刊排的毛泽东咏红军长征诗（七律）一首，为《印象记》一书增辉不少。

此外，《印象记》还配发照片34幅，歌曲10首以及长征路线图。这些珍贵的照片和红军歌曲，当时不仅是第一次发表，后来的英文版《红星照耀中国》和中文版《西行漫记》也很少选用（英文版《红星照耀中国》只有16幅照片）。这34幅有代表性的照片，既有毛泽东、朱德、彭德怀、周恩来、徐特立、林伯渠等中共领导人的身影，也有红军战士、文工团员、护士等一般人日常生活的照片，加上斯诺夫妇精心写作的说明文字，如"妙龄女匪""匪也会玩网球"等，生动幽默而富有情趣，呈现给读者一副中国共产党人的"新形象"。照片之中，有一张是毛主席戴红星八角帽，"文革"时期曾广泛流行。《印象记》发表的10首红军歌曲，记录下红军长征路上的战斗和生活，展现中国工农红军在极端困难的条件下的乐观和自信。这些老红军歌曲后来未见在其他刊物上发表。最后，《印象记》附录一份红军长征路线图。

《印象记》通过斯诺等外国记者亲历现场的采访报道，披露了艰苦卓绝的红军二万五千里长征的真相，揭穿了国民党散布的红军是"流寇""赤匪"、红军已被消灭的谎言，阐述了西安事变发生的原因、目的和性质，及时宣传了中国共产党抗日民族统一战线的英明主张。正如海伦·斯诺所评价的那样，"可以想象，你出版的埃德加的书中译本，在中国犹如闪电一击，使人们惊醒了"（《1991年海伦·斯诺给王福时的信》）。王福时1937年陪斯诺夫人访问延安，正好有机会把刚出版的《印象记》当面呈送毛泽东，后来毛泽东发表《论持久战》，当中引用毛泽东和斯诺关于中日问题的谈话，《毛泽东选集》的注释说明是引自《印象记》一书。

3.2 《红星照耀中国》全译本——复社版《西行漫记》

3.2.1 博弈的背景——"孤岛"文学译介

《红星照耀中国》的第一个全译本——复社版《西行漫记》出现在1938年的"孤岛"上海,"孤岛"是个同时具备地理和时间两方面意义上的概念。1937年8月13日,日军进攻上海,经过三个月的相持,11月12日,中国守军全面西撤,上海沦入日军之手,但市中心早已存在的英美公共租界和法租界,因其本国宣布对中日战争保持中立,这两块距英、美、法本土千里之外的"飞地",日军没有进入。在整个沦陷的汪洋中,这一尚容国人较自由生存的区域,被《大公报》的社论率先称为"孤岛"(中国大百科全书出版社编辑部,2004)。之后,"孤岛"这个形象贴切的称呼不胫而走,成为抗战前期特定区域的一个代名词。1941年12月8日,珍珠港事件爆发,英美和法国对日宣战,日军随即进驻法租界和公共租界,"孤岛"结束,上海全面沦陷。从"孤岛"的形成到消失,一共持续了四年零一个月的时间。

"孤岛"的范围是:东至黄浦江,西达法华路(今新华路)、大西路(今延安西路),南抵民国路(今人民路),北临苏州河(刘惠吾,1987:348)。尽管两租界宣称"中立",并且不允许中国抗日力量及日军和它的傀儡政权在租界活动,不允许各种具有革命或抗日倾向的书出版,但这实际上是做不到的。中国抗日力量始终在这里展开多种多样合法和"非法"的斗争,上海仍然是敌我进行殊死搏斗的战场。党领导和影响的进步出版界,利用公开和秘密、合法和"非法"的手段进行反查禁斗争。尽管"图审会"查禁了大批书刊,摧残了不少出版机构,但进步书刊仍然广为流传。这一特定地区特定时期的文学,史称"孤岛文学",它是中国整个抗战时期文学的一个独特的侧面。"孤岛文学"密切配合抗战形势的特点,及时反映现时斗争和生活,巧妙地揭露敌伪的罪行,显示出顽强不屈、灵活多变的战斗风格,取得了巨大的文学成就。(上海社会科学院文学研究所,1984:2)

出现在特殊时期的"孤岛文学"与政治紧密结合,密切配合了进步的抗日文艺运动。"孤岛文学"以其辉煌实绩成为抗战文艺的重要组成部分,为抗战提供了重要精神武器。文学越来越紧密地和时代主题"战争"和"救亡"联系起来,特殊的政治文化氛围,决定了文学的意识形态化成了不可扭转的趋势,鲜明的政治意味和党性原则成为中国共产党人评判文学价值的主要因素,政治功利性成为唯一指向。这一时期的外国文学译介是"孤岛文学"的重要组成部分。(王鹏飞,2006)

"孤岛"时期的上海,已不处在中国政府的抗日力量的控制范围内,而租界当局又屈服于日寇,允许日方在租界设立新闻检查所,强迫中国报纸接受检查,否则予以取缔。从此翻译出版就成了"孤岛"上海抗日救亡运动的一个特殊的形式。邹振环(2000)有专章介绍太平洋战争爆发前的沪上翻译出版活动。读者可以从七个小节的标题对当时的译介情况略窥一二。这些标题是:《译报》与抗日报刊的翻译、西风社的翻译文学、"孤岛"时期的戏剧翻译改编和诗歌书店的诗歌翻译、朱生豪与莎士比亚戏剧的翻译、《西行漫记》与西方记者的报告文学译作、《钢铁是怎样炼成的》的译刊、读书生活出版社与全译本《资本论》。

史料表明,"孤岛"上海的外国文学翻译界,堪称实力雄厚。在先后问世的四十余种报纸文艺副刊中，至少有将近三分之一，如《文汇报》的《世纪风》和《儿童园》，《大晚报》的《街头》和《剪影》，《大英夜报》的《七月》，《华美晨报》的《浪花》，《正言报》的《草原》，《新中国报》的《学艺》等经常刊登外国文学译介。在此起彼伏的156种文学期刊中，几乎90%都发表外国文学译介，其中译介占较多篇幅的有《文艺》《学生时代》《戏剧杂志》《文艺新潮》《剧场艺术》《鲁迅风》《文艺长城》《新中国文艺丛刊》《奔流新集》等。还出现过几种专刊外国文学译介的杂志，如《译林月刊》《西洋文学》《译文丛刊》等。陆续出版的各种外国文学译介著作有百余种，涉及欧、美、亚洲的二十余国，数十位作家，对莎士比亚、契诃夫、罗曼·罗兰、陀思妥耶夫斯基、高尔基、赛珍珠等的作品或文艺思想，有过系统的译介，还出过高尔基、辛克莱等的纪念特辑。(陈青生，1997)

"孤岛"时期对介绍外国文学作品和翻译外国小说、诗歌很重视，涌现了不少专门刊登翻译作品的刊物。例如由徐迟主编在1938年3月25日创办的《纯文艺》旬刊，就只刊登翻译作品，李健吾、卞之琳、赵家璧、满涛、朱雯、周煦良等人都是这个刊物的积极支持者。只出一期的《作风》季刊，也努力将英、美、意、德、匈牙利等国的小说、诗歌、戏剧介绍给中国读者。

"孤岛"时期最早诞生的报纸文艺副刊是《大晚报》的《街头》，它于1937年12月24日创刊，至1938年11月20日停刊；从21日起副刊改名为《剪影》，出至1940年4月30日。这个副刊共历时近二年半，是"孤岛"时期寿命较长的文艺副刊。这个副刊比较侧重于电影介绍和外国文学作品的翻译，在《街头》中几乎天天有电影评论，也曾连载英国作家高尔斯华绥的小说《苹果花》和奥莱夫的《世界大变》。从1938年9月15日起，连载71期俄国作家韦尔霍格拉特斯基的长篇报告文学《上海——罪恶的都市》（侯飞翻译），它以真实、细腻的笔调写出一个外国人眼中的上海。从1938年12月4日至1939年3月26日连载由斯诺夫人著、华侃译的《西行访问记》，共连续刊登85天。这些文章在当时的上海读者中产生了很大的反响，使"孤岛"的人民看到了根据地的真正面貌，了解了那里的军民在中国共产党领导下英勇抗日的战斗业绩。第二个问世的报纸文艺副刊是《文汇报》的《世纪风》，由柯灵主编。在第1期《世纪风》上，编者就毫无畏惧地开始连载史沫特莱的长篇报告《中国红军行进》，还附登译者美懿（梅益）的介绍文章。

3.2.2 多方政治势力的博弈

"孤岛"时期的上海，表面上由相互独立的三个区域组成，即：法租界、公共租界、维新政府上海特别市。而在这三个区域中，实际上有五种政治势力支配着上海，它们是：法租界当局、公共租界当局、维新政府、日本军方、重庆政府。在公共租界中，苏州河以北的虹口、杨树浦区域是受日军战时支配的区域，虽在地理上属于公共租界，但不受工部局的控制。由于法租界当局和公共租界当局都不承认维新政府，只承认重庆国民政府，因此在租界里，重庆政府的机关公然存在，中国民众也普遍承认重庆政府并受其领导，于是便出现了五种政治势力共存于上海的局面。（甘慧杰，2001）与此同时，中共的势力影响也是存在的，中共领导下的抗日活动在上海由公开转入秘密的地下状态。具体到《红星照耀中国》的翻译事件，涉及的势力有国民党、在孤岛的侵华日军、美国人斯诺夫妇以及中国共产党。

3.2.2.1 国民党的立场

抗战爆发后,在全国各界的强烈要求下,国民党对舆论控制有所松动。然而,这显然是权宜之计。1938 年以后,在"战时需要""齐一思想"的借口下,国民党又重新强调了关于钳制舆论的指导思想。在 1939 年 3 月公布的《国民精神动员总纲领》中,国民党老调重弹,指出"纷歧错杂之思想必须纠正"(江沛、纪亚光,2000:3-4)。1939 年 1 月,在国民党五届五中全会上,蒋介石一方面表示要"继续抗战",另一方面又制定了一个消极抗战、静观事变、企图依靠外力解决中日问题的消极方针,并把军政重点转移到反共反人民方面,认为"华北各地共产党的竞起"是他"夙夜不能忘怀的衷心忧虑"。会议确定了"防共、限共、溶共"的方针。1939 年底至 1940 年春,他掀起了抗战时期的第一次反共高潮,对陕甘宁边区、山西、冀南和豫北 3 个地区发动军事进攻。1940 年 7 月,他又掀起了第二次反共高潮,提出了取消陕甘宁边区,限制共产党领导的八路军、新四军发展及其作战区域的"防止案"。12 月,以军委会委员长名义下了新四军"限期北移"的手令。1941 年 1 月,8 万国民党军队对新四军北移部队 9 千余人进行包围袭击,制造了震惊中外的"皖南事变",国民党遭到国内外舆论的强烈谴责。中共中央和南方局对此进行了针锋相对的斗争。

3.2.2.2 侵华日军在"孤岛"

日军控制了上海华界之后,对租界虎视眈眈,但不敢贸然越雷池一步。而租界内种种不利于日本和维新政府的状况,也着实令日方深感头痛。引起日本人反感的,首先是租界的中立政策。1937 年 11 月 13 日,公共租界工部局总董樊克令(C. S. Franklin)代表租界当局宣称,工部局保持中立态度，在中日战争中不偏袒任何一方，对双方在租界内的权益一视同仁，租界的行政权没有变化。租界当局以维持中立的观念来指责日本的战争行径，并频频以强硬的态度对日本提出抗议。正是由于租界中立，日本迅速控制整个上海的目的成为了不可能。其次，是租界当局的排日投蒋态度。"租界当局一方面主张租界的中立，另一方面，租界宛如蒋介石政权的敌中司令部和排日的根据地，而租界当局对此持默许态度。在租界内，忠义救国军、铁血锄奸团、苏浙行动委员会、党国军支队、虹口工作队、上海CC团特别队等排日团体的活动日益猖獗。《华美晨报》《文汇报》《大美报》《译报》《导报》《大英夜报》《大晚报》《申报》《中美日报》等排日报刊公然发行，大夏、光华、交通、东吴、复旦、圣约翰、沪江、震旦、暨南等大学的排日教育继续进行，旧政权的国庆日、国耻日等节日上青天白日旗仍然飘扬。租界当局容忍蒋政府所策划的国民精神总动员。特区法院依旧任用蒋政权任命的法官，包庇排日分子。"（甘慧杰，2001）最后，在日方眼里，租界是内地进行走私的中介地，它公开吸纳内地的走私品，以维持和发展租界内中外合办或蒋系企业。1939年，租界内仍然有200多家蒋系工厂在开工。凡此种种状况，都令日方无法容忍。对此，维新上海特别市政府及日方多次向租界当局抗议，但租界的态度始终暧昧，尤其对维新政府的抗议根本不加理睬。于是，租界成了日本侵华途中"恼人的"绊脚石。

在这种情况下，敌人们大索复社，但始终不知其社址何在。敌人们用尽种种方法，来捉捕复社的主持人，但也始终未能明白复社的主持人是谁。上海复社是"孤岛"时期上海地下党领导的、有各界人士参加的一个出版机构，《红星照耀中国》正是由它出版的。不少人因复社的关系被捕过。所以复社重要成员郑振铎后来追忆:"一直到了敌人的屈膝为止,敌人宪兵队里所认为最神秘的案卷,恐怕便是关于'复社'的一件吧。"(郑振铎,1983)

3.2.2.3 斯诺夫妇的贡献

为什么说原作者斯诺也是博弈的一方呢?因为首先从政治立场上来说,他当时为美国的《星期六晚邮报》撰稿,又担任英国《每日先驱报》和纽约《太阳报》的特约记者,他是一名资产阶级的西方记者。尽管如此,他力图保持作为记者的客观与中立。在这一场博弈中,他的策略就是真实地报道他在红区的所见所闻,披露真相。只有这样的作品,才能不违背他的职业操守,也才能为西方的大报所采用,从而公诸于世。他曾经说过:"我不是共产党人。我不属于任何一个政治组织。我不想用已有的经济的或政治理论去解释当今的局势变化,不管这些理论是马克思的、列宁的、墨索里尼的或是罗斯福的。"(汉密尔顿,1990:57)经过在中国的生活与经历,他具备了一切进入红区采访的条件,通过写作《红星照耀中国》,他对中共、中国历史做出了巨大的贡献。

埃德加·斯诺于1905年出生在美国堪萨斯城。1928年,他开始漫游世界。抵达上海后成为一名记者。此后有13年未曾离开远东。在踏上采访中国共产党的旅程之前,他的足迹已经踏遍西北的饥荒地区。他早在滇缅公路开通前十年就穿越了它所经过的路线,报道了1932年在上海不宣而战的战争,并成为《星期六晚邮报》的一名记者。当时他已是孙中山夫人宋庆龄的朋友,结识了许多中国知识分子和作家。1932年,他与妻子海伦·斯诺在北京安家,并学习汉语,不久就能较流畅地说中国话了。他编辑了一本现代中国短篇小说英译集——《活的中国》。这本书被认为是他写作《红星照耀中国》的前奏。

这样,在日本侵占满洲并向华北扩张的行径占据各报头条新闻的这段时期,这位年轻的美国人不仅报道了当时发生的事件,还被这些事件背后的中国爱国青年的思想和感情触动。他以行动证明自己是一个具有博大的人类同情心的青年。他能理解中国知识分子中的革命活动并能使用基本的中国话与他们交往。1936年6月,当斯诺揣着宋庆龄的介绍信启程前往地处西北被封锁的红区时,他对中国状况和中国青年的思想感情的洞悉,使他具备了几乎是唯一能够去感受不断发展的中国共产主义运动的强大感染力(Fairbank,1968)。正如美国外交家约翰·谢伟思所说:"当时,中国新闻记者不可能穿过国民党的包围而到共产党那里去,即使能去,也不可能把写的东西发表出来。也可以设想,万一侥幸他们去成了而且发表了东西,其报道也很可能被认为是过于耸人听闻,令人不能置信。而一个受人尊敬的外国记者的报道却是另一回事。"(裘克安,1982:348-349)

斯诺冲破国民党的封锁,从北平(今北京)出发,经过多方秘密安排,终于得以进入中国共产党所领导的陕北根据地,开始了他为期四个月的采访生活。他首先到达了当时根据地的临时首都保安,与毛泽东、周恩来、彭德怀等先后交谈,搜集了关于二万五千里长征的第一手材料。然后,经过长途跋涉,他到达了宁夏南部国共两军犬牙交错的前沿阵地。最后,他冒着炮火重新回到保安,再辗转回到北平。他同根据地军民同吃同睡,广泛地了解他们的战斗、生产、学习和生活情况,与不少同志结下了深厚的友谊。带着大量采访笔记和胶卷回到北平后,他首先为他所服务的英美报刊写了许多篇轰动一时的通讯报道。然后,将这些报道汇编成书,书名就是 *Red Star Over China*(《红星照耀中国》)。邓颖

第3章 抗战时期的翻译——政治势力零和博弈的结果

超曾深情地回忆说："美国朋友斯诺是第一个进入我们共产党领导的民主根据地，第一个了解我们根据地的外国人。他是个新闻记者，把我们根据地的情况，介绍给全世界，包括国民党统治区的中国人民。使他们了解了共产党是什么性质的政党，红军的奋斗目标是什么，共产党的主张、政策是什么。这位美国朋友做了对根据地的情况非常忠实、客观的报道。他是我们的最好的，也是热爱我们中国的朋友。"（董乐山，1982）

在该书中，斯诺探求了中国革命发生的背景、发展的原因。他判断由于中国共产党的宣传和具体行动，穷人和受压迫者对国家、社会和个人有了新的理念，有了必须行动起来的新的信念，又由于有了思想武装，有一批坚决的青年，所以能够对国民党的统治进行群众性的斗争长达十年之久。他对长征表达了钦佩之情，断言长征实际是一场战略撤退，称赞长征是一部英雄史诗，是现代史上无与伦比的一次远征。斯诺用毋庸置疑的事实向世界宣告：中国共产党及其领导的革命事业犹如一颗闪亮的红星不仅照耀着中国的西北，而且必将照耀全中国，照耀全世界。《红星照耀中国》的另一魅力在于描绘了中国共产党人和红军战士坚韧不拔、英勇卓绝的伟大斗争，以及他们的领袖人物伟大而平凡的精神风貌。他面对面采访了毛泽东、周恩来、彭德怀、贺龙等中国共产党的领导人和红军将领，与他们结下了或浅或深的交情。其中最重要的采访对象无疑是毛泽东。通过与毛泽东的多次长谈，斯诺准确地把握住了毛泽东同以农民为主体的中国民众的精神纽带。没有人比毛泽东更了解他们，更擅长了解、综合和表达他们的意愿。这将深刻地制约着以后数十年中国现代化的进程，包括其成功和曲折。这样，斯诺对中国的认识达到了一个前所未有的高度。他发现了一个"活的中国"，对普通中国百姓尤其是农民即将在历史创造中发挥的重要作用做出了正确的预言,他发现了隐藏在亿万劳动人民身上的力量,并断言中国的未来就掌握在他们手中。(见网络资源3)

美国麻省理工学院新闻学教授拉里·平克姆说:"埃德加·斯诺无论是在过去还是现在,都是美国可以竞争最优秀新闻记者的人。正是斯诺的才智和人道感这两种品质,才使他成为对美国学生来说有强大影响力和指导性的榜样。"(中国斯诺研究会,1991:37-45)斯诺的第二任妻子洛伊斯·惠勒·斯诺在《埃德加·斯诺和中国》一文中谈到:"如果他不知道一件事,他就进行调查;当他知道一件事属实以后,没有任何东西能动摇他,使他离开真理,至少是他所看到的,亲身经历的真理。"(裘克安,1982:325)斯诺有着谨严的写作态度。为写作他的采访报道,他做了满满16本笔记。(中国斯诺研究会,1991:55)斯诺在陕北期间,没有直接见到朱德,原写的《关于朱德》一章有不确切之处。1938年复社出版中译本时,斯诺立即根据海伦·斯诺的访问记录重新改写。

其次,《红星照耀中国》的成功与它所特有的文学手法以及由此而产生的艺术感染力是分不开的。路易·艾黎说出了一个普遍的真实感受:"斯诺的《西行漫记》一直到现在还有人看,除了事实好以外,还有艺术,使人看起来有兴趣。"(白夜,1980)斯诺是20世纪新闻写作的革新者。19世纪末至20世纪初,新闻的深度报道发展成为报告文学,一些新闻记者对此做了贡献。斯诺以独创的手法所写的《红星照耀中国》,创造了对重大事件多层次的叙述方式,将人物描写和情节引入新闻写作,把叙述故事、个人感受、修辞手段、讽刺艺术、戏剧对比、影视蒙太奇综合运用于新闻表现之中，使之成为全景式、立体化的报道（尹均生，1988）。

另外，我们必须承认，该书的成功有斯诺的妻子海伦·斯诺的一份功绩。斯诺陕北之行的决定首先得到了海伦的热情支持。在从苏区返回后的写作过程中，海伦帮助斯诺整理采访笔记，巧妙地避开国民党耳目，到照相馆冲洗照片，为照片撰写说明。为保证斯诺集中精力写作，海伦承担一切琐细事务，包括接待宾客及做家务等。原载于1972年2月19日美国《堪萨斯城星报》的海伦文章中有这样的记述："斯诺不愿自己书中有任何难于消化的东西。他称之为'疙瘩'，例如毛泽东的整个'自传'。我却极力争取把它编入书中，一直争得精疲力竭。那是全书的精华所在，我坚持己见：一点都不要删，它将使你的书永垂不朽，无比珍贵。"（刘力群，1984：81-82）

斯诺对于《西行漫记》这第一个中文全译版本非常重视，他为之写了一篇真挚感人的长序，深情预祝中国抗战取得"最后胜利"，并表示"把我的一些材料和版权让给他们（译者）"。另外，中译本所用图片，差不多全部是英美版本所不曾登载过的。其中许多人物照片，还是破天荒第一次公开登载。这些图片，大部分是斯诺供给的，另一部分是他夫人海伦供给的。他在1938年复社出版中译本时，根据海伦·斯诺在1937年去延安访问的记录对"关于朱德"这个章节重新做了改写。"本书第一版中关于朱德的一章，虽然根据我在西北时搜集的资料，而且是朱德的同伴们所供给的，可是其中仍然有许多错误和不确之处。幸蒙威尔斯（海伦的笔名）女士给予合作，使我得在中译本里纠正这些错误，不胜欣幸。"（斯诺，1979："序"）海伦·斯诺延安采访的第一手资料，修正了埃德加·斯诺在保安采访中的错误。

3.2.2.4 中共政治的胜利

《红星照耀中国》报道的人物和事迹是红军士兵以及中国共产党的领导人。在当时的历史背景下，中共无疑是这一翻译博弈的幕后参与人之一，因为他们的政治胜利才是真正吸引斯诺和中国广大老百姓，并让国民党、日军感到威胁的力量。

1936年，中国共产党刚刚胜利地完成了二万五千里长征——红军从中国东南到西北的大撤退，并着手进行统一战线战略。由于国民党的封锁和造谣，红军的真实情况很难为国内外人士所了解。共产党欲把其战斗历程公之于世。毛泽东和其他领导人正处于两次长达数年战争的间歇之中，他们有时间向外界提供他们个人和非个人的信息（费正清，1968："引言"）。因此，中共中央有意邀请一位美国记者和医生到陕北去实地考察边区的情况和了解中共的抗日主张。因此，斯诺坦言："这一本书出版之后，居然风行各国，与其说是由于这一本著作的风格和形式，倒不如说是由于这一本书的内容罢。……从最实际主义的意义来讲，这些故事却是中国革命青年们所创造，所写下的。这些革命青年使本书所描写的故事活着。所以这一本书如果是一种正确的记录和解释，那就因为这是他们的书。而且从严格的字面上的意义来讲，这一本书的一大部分也不是我写的，而是毛泽东、彭德怀、周恩来、林伯渠、徐海东、徐特立、林彪这些人所口述的。此外还有毛泽东、彭德怀等人所作的长篇谈话，用春水一般清彻的言辞，解释中国革命的革命和目的。还有几十篇和无名的红色战士、农民、工人、知识分子所作的对话，从这些对话里面，读者可以约略窥知使他们成为不可征服的那种精神，那种力量，那种欲望，那种热情。——凡是这些，断不是一个作家所能创造出来的。这些是人类历史本身的丰富而灿烂的精华。"（斯诺、胡愈之，1938："序"）

"突然，斯诺使人们看到，原来还有一个共产主义运动是吸收无数非共产党人参加的，它并不拘泥于那些脱离群众的教条，它的领导人走在延安街头时不带警卫员，他们以民族团结为重，营救了自己那个不共戴天的仇人蒋介石的性命。现在回顾起来，很显然，斯诺起了具有重要世界历史意义的作用，因为他推动美国以至世界舆论接受共产党作为盟友参加反对国际侵略的斗争。"（拉铁摩尔，1970）当时，西方大国从自身的利益出发，正期待着中国的奇迹。斯诺的书显示出中国共产党的确能为有效地抗击日本提供必需的民族主义的领导。

3.2.3 博弈参与人

翻译《红星照耀中国》的具体工作是由胡愈之同志领导的，他和其他译者是这场翻译博弈中的主要参与人，是幕后力量中共在前台的博弈方。

3.2.3.1 胡愈之

胡愈之同志是我国进步文化出版事业的先驱者，新中国出版事业主要开创人之一。1896年9月，胡愈之出生于浙江上虞，1911年后，入绍兴府中学堂，受到鲁迅先生的熏陶。1914年，他考入上海商务印书馆编辑所当练习生。在实际斗争中，他的思想、立场日益转变，倾向中国共产党和劳动人民。在党的领导下，胡愈之在生活书店先后筹划、创办、主编了多种进步刊物，这些刊物在国民党实行文化围剿的情况下，成为进步文化工作者在白色恐怖笼罩下的上海进行战斗的重要阵地。

抗日战争爆发后，他以聚餐会的形式，联系和团结在上海的一大批爱国人士，推动他们在抗日救亡中发挥作用。他倡议成立了国际宣传委员会，把上海文化界、新闻界进步人士团结起来，向海外宣传我国抗战的真实情况，特别是共产党、八路军在抗战中发挥的重大作用（出版史料编辑部，1986。）正是在负责国际宣传委员会的工作中，他认识了斯诺。"当时斯诺的公开身份是燕京大学教授，由于北京沦陷，他来上海当记者，替英美报刊写稿。我知道他住的地方离我家不远，就常去看他。他对我说去过陕北，还给我看过许多照片。有一天他说，刚得到英国航空寄来他的一本著作的样本。外国出版社有规矩，要把印出的第一本样书送给作者审查，所以这在当时是很难得的。我就向他借阅。他答应了，但说'我也只有一本，看完还我'。这就是后来闻名世界的《西行漫记》英文原本。我回家读了这本书，发现真是一本难能可贵的著作。但我不知道斯诺这个人的底细，说的是否可靠，就找上海中共临时办事处刘少文同志了解。刘少文同志是从陕北来的。他说，有这回事，斯诺确实到了陕北，毛主席亲自接待他，谈了很长时间。毛主席有个把月时间每天找斯诺谈，谈完后，斯诺把英文记录整理出来，再由人译成中文送毛主席改定。刘说，斯诺这人可以相信，对我们确是朋友态度，这本书也是可以译的。于是我决心组织力量把它翻译出版。……当时，我们有些同志组织了一个'星二座谈会'，每星期二在上海八仙桥青年会地下室餐厅集会，讨论研究抗日宣传问题。我在这个会上提出了出这本书的问题，大家都同意，就由参加座谈的同志分别承译。我们当时都认识到，翻译这本书很重要，因为自从我们党长征以后，一般群众已不大知道党的情况，国民党又拚命造谣。通过斯诺的著作把真实情况报道出去，作用是极大的。"（胡愈之，

1979a）

可见，《西行漫记》的翻译由胡愈之一手统筹安排，他还为之写了"译者附记"。

3.2.3.2 译者群

《西行漫记》的面世是集体智慧与奉献的成果，但是世人却大都只知主事者胡愈之，而对承担具体翻译的数位译者知之甚少。他们多为《世界知识》《新中华》《译报》等报刊的译者与作者，是当时文化界的进步人士，与胡愈之相识相交，对这项工作的重大意义有着深刻认识，因此能够不取报酬，在极其短暂的时间内，在紧张的平日工作之余，秘密地进行着翻译工作。1938年2月初版的《西行漫记》扉页背面译者署名依次为：王厂青、林淡秋、陈仲逸、章育武、吴景崧、胡仲持、许达、傅东华、邵宗汉、倪文宙、梅益、冯宾符，总计十二人。

王厂青，1937年翻译了 Harry Gannes 和 Theodore Repard 著的《动乱中的西班牙》，上海天马书店出版。1938年参加《鲁迅全集》的编辑工作。

林淡秋（1906—1981），浙江三门人，是20世纪30年代崛起的作家，"孤岛"抗日爱国文艺运动的组织领导成员。著作包括小说集《黑暗与光明》（1940），散文集《交响》（1941）。七七事变后，参加"上海文化界内地服务团"，到江苏、浙江、安徽三省内地进行抗日救亡宣传工作。在《译报》担任编译工作，是《每日译报》的主要编译人员之一。上海失守以后，参加地下党在"孤岛"办的第一个刊物《上海人报》的组织和编辑工作。1938年和戴平万、杨帆、梅益合编大型报告文学集《上海一日》。它的出版，给世人留下了一部描述1937年8月至1938年8月上海军民战斗和生活的画卷。1938年参加《西行漫记》和《续西行漫记》的翻译，翻译英国记者贝特兰的长篇报告文学《中国的新生》。与人合译贝特兰的另一部报告文学《华北前线》。翻译《列宁在一九一八》、苏联作家卡达耶夫的《时间呀，前进！》（上海社会科学院文学研究所，1984：20-25）。

陈仲逸，关于他的身份，目前有两种意见。《胡愈之译文集》的编者戴文葆（胡愈之，1999：129）、《西行漫记》的译者之一倪文宙（1991：115）以及《胡愈之传》的作者于友（1993：206）都认为，"陈仲逸"是胡愈之的笔名。另一种意见则认为，陈仲逸另有其人，他是胡愈之在商务印书馆的前辈，于1909年6月至1912年6月任《东方杂志》主编（梁志芳，2010）。笔者通过网络搜索得到一个类似第二种意见的说法：《读者导报》1997年5月5日文《〈东方杂志〉——近现代史的资料库》中介绍：《东方杂志》首任主编是教育家蒋维乔，一名年轻助手为王迈常（铭远）。以后担任主编的有徐珂、孟森、杜亚泉（陈仲逸）、钱智修、胡愈之等。此文作者陈江同样认为陈仲逸是杜亚泉的笔名（见网络文献4）。这一分歧还有待进一步证实。

章育武曾与赵南柔、吴觉农、章育武合译苏俄廖谦珂所著的《农业经济学》。该书由上海黎明书局于1934年9月出版。

吴景崧在《东方杂志》担任过一般编辑。1932年10月至1933年4月胡愈之担任该刊主编。商务印书馆的《东方杂志》是近现代期刊史上一份重要的大型综合性杂志，以时事政治为主，创刊于1904年3月，至1948年12月终刊。在《东方杂志》的网站"东方名人"中可以找到两条吴景崧的译作信息：《德国解除军备之报偿》，Samuel Crowther 著，吴景崧译，刊登于1930年《东方杂志》第27卷22期的"世界论坛"栏目;《兴登堡——屹立德国政潮中的砥柱》,A. B. Faust著,吴景菘译,刊登于1930年《东方杂志》第27卷21期的"世界论坛"栏目。

胡仲持(1900—1968),笔名宜闲,浙江上虞人,胡愈之的胞弟,是我国现代著名新闻家、鲜为人知的翻译家。他早在中学期间就投身五四爱国运动,1921年加入文学研究会,1928年进入《申报》,先后在该报工作长达11年。抗战爆发后,他继续留在上海"孤岛"进行了一系列抗日救亡的文化运动。1940年逃亡香港,任《华商报》总编。1942年香港沦陷后,在桂林继续从事新闻和翻译工作。日本投降后再次逃亡香港,1947年任《南侨日报》驻香港特派员。新中国成立后历任上海《解放日报》编委、《人民日报》社国际部资料科主任、外文出版社图书编辑部副主任等职。(梁志芳,2012)胡仲持也是一个老出版人,是开明书店的发起人之一。1937—1938年在地下党文委领导下,与胡愈之、王任叔、冯宾符、梅益等在法租界办了《译报》,并出版毛主席的《论持久战》《论新阶段》,同时又主编反法西斯的刊物《集纳》,参加《译报周刊》的编辑和撰稿。1938年,在胡愈之的带领下,利用自己的住处,成立复社,翻译出版斯诺夫妇撰写的《西行漫记》和《续西行漫记》,参与《鲁迅全集》的出版工作。1939年在党组织建议下,与冯宾符等办起了"珠林书店",为帮助"孤岛"青年的学习,提供了不少知识读物(胡德华,1991)。胡仲持还是一个著译颇丰的翻译家。据不完全统计,在其30余年的翻译生涯中他翻译、辑译、与他人合译各类译著至少34部,译文68篇,其中包括多部外国长篇小说的连载。其翻译作品至少涉及18个国家的75位作家,包括小说、戏剧、诗歌、散文、文艺理论、儿童文学、人物传记、马列著作、科普读物、社会评论等诸方面。数量之大、范围之广、涉及的国家和作家之多，堪称中国现代翻译史上的翻译大家。译有《愤怒的葡萄》《森林里的悲喜剧》《月亮下去了》《白痴》等外国名著。赛珍珠的《大地》与斯诺的《西行漫记》是20世纪30年代西方描写中国最有影响力的两部作品，胡仲持正是这两部著作最早的中译者之一（梁志芳，2012）。

许达是郭达在白色恐怖下使用的一个化名，他的真实名字多年来一直鲜为人知。1991年秋，《中国档案报》的记者在寻访北方左联健在的盟员的过程中，意外获知许达的真名叫郭达。他1909年生于湖南湘潭，1914年随父母迁居北京。1927年毕业于北京财政商业学院后在燕京大学工作。1930年底加入共青团，翌年由共青团转入中国共产党，并参加北平左联。1933年曾一度担任北平文化总同盟党团书记、中共北平市委文委宣传部长，曾主编过文总机关刊物《今日》。同年8月，因叛徒出卖，郭达被国民党特务抓捕后被判刑四年，监禁于北平市第一模范监狱。1937年1月他刚刚获释出狱不久，经王福时介绍到美国进步记者埃德加·斯诺身边工作。1940年4月随斯诺前往菲律宾碧瑶，一直是斯诺的得力助手。（见网络文献5）斯诺在《红星照耀中国》中有一段称赞郭达的话："写这本书的时候，他曾跟我一块儿忠诚地工作，不仅是一个第一流的秘书和助手，而且他是一个勇敢的出色的革命青年，现在正为他的国家奋斗着。"（斯诺，1938："序"）

傅东华（1893—1971），浙江金华人。1912年，上海南洋公学中学部毕业，次年进中华书局当翻译员，开始发表短篇小说。1914年起，先后在东阳中学、北京平民大学附属中学、北京高等师范教英语。1920年，在北京加入文学研究会。此后，在上海大学、上海中国公学任教并从事著译。一度任商务印书馆编译员。1932年任复旦大学中文系教授。1933年7月，与郑振铎主编生活书店印行的大型月刊《文学》，同时为商务印书馆编撰《基本初中国文》《复兴初中国文》《复兴高中国文》3套各6册，发行全国。1935年春，任暨南大学国文教授。1936年，发起组织文艺家协会，号召文艺家共赴国难。八一三事变后，参加上海市文化界救亡协会，任《救亡日报》编委，参与翻译斯诺《西行漫记》。上海被日本侵略军占领后，翻译《飘》《业障》等，编辑出版丛书《孤岛闲书》。新中国成立后，历任中国文字改革委员会研究员、中华书局《辞海》编辑所编审、《辞海》编辑委员会委员、语辞学科主编。是中国作家协会会员，上海市政协特邀委员。参加《资治通鉴》标点本清样校注，标点《汉书》等。译有西班牙塞万提斯《唐·吉诃德》，英国约翰·弥尔顿《失乐园》，美国德来塞《珍妮姑娘》，古希腊《伊利亚特》。（见网络文献6）

邵宗汉（1907—1989），生于江苏省武进县。1926年毕业于苏州桃坞中学。1931—1938年任上海《大晚报》国际版编辑。1934年应聘为《世界知识》特约撰稿人。1937年参加上海文化界救亡协会，主持该会的工商通讯社，宣传抗日。同年，与范长江、恽逸群等在上海发起组织中国青年记者协会。1938年，与范长江、胡愈之等创建国际新闻社，任秘书长。1938年，任香港《星岛日报》主笔。1941年6月，到马来亚（今马来西亚）槟城任华侨进步报纸《现代日报》总编辑。1942年日军攻占新加坡前夕，与胡愈之、郁达夫、王任叔等流亡苏门答腊岛，从事秘密抗日活动。1945年8月日本投降后，任棉兰《民主日报》总编辑。同时，与王任叔等创建中国民主同盟苏岛支部。1948年7月任香港《华商报》总编辑。1949年8月，到北平参加第一届中国人民政治协商会议。会后,调任新华社副总编辑兼国际部主任。1950年在新华社加入中国共产党。1950年7月至1954年10月,任《光明日报》总编辑。1955年调到外交部工作,先后任新闻司副司长、研究室副主任等职。1980年,任世界知识出版社副总编辑,1989年6月因病逝世。(见网络文献7)

倪文宙曾是中华书局的编辑,与周宪文、钱歌川主编中华书局的金字招牌——《新中华》杂志。一·二八事变后主持1912年1月在上海创刊的《中华教育界》,这是中华书局先后办的八大杂志之一。八一三事变后停刊。编写的《美国现代史》,由商务印书馆出版。

梅益生于1914年,广东潮安人。30年代在上海任《每周文学》编委,协助徐懋庸编《希望》半月刊。1936年主编《文化导报》周刊。全面抗战期间,除有3年到新四军淮南地区工作外,留守上海"孤岛",为"孤岛"的文学事业做了大量工作。曾同夏衍合编《译报》。1938年春,为纪念八一三抗战一周年,受《华美》周刊委托主编大型报告文学集《上海一日》,向全国人民展示了一副上海军民奋勇抗战的生动画卷。与此同时,与人合译了美国记者斯诺的名著《西行漫记》等书。1942年翻译了《钢铁是怎样炼成的》一书,广为流传。国共南京谈判时曾任中共发言人。后来去延安新华社,任副总编辑兼负责延安新华广播电台的工作。新中国成立后,长期担任新闻单位的领导职务,曾任中央广播事业局局长、中国社会科学院副院长,并参加筹建中华全国新闻工作者协会,当选为副会长。其翻译的其他著作有普里波衣所著的长篇小说《对马》,1937年上海引擎出版社出版;与胡仲持等合译的斯诺夫人所著的报告文学《续西行漫记》,1937年上海复社出版;奥斯特洛夫斯基所著的长篇小说《钢铁是怎样炼成的》,1946年新知出版社出版;高尔基

等所著的短篇小说集《钟》，1948年光明书局出版。（见网络文献8）

冯宾符（1915—1969），浙江慈溪人，长期主持《世界知识》杂志工作，知名出版家、国际问题评论家，也有不少译著问世，包括《战后苏联印象记》《世界政治》等。他出生在一个清贫的读书人家，父亲以教私塾馆维持一家生计，是宁波地区许多知名人士的启蒙老师，可是这位寒士却无力供自己的儿子上大学。宾符十七八岁时不得不自立谋生，进了上海商务印书馆工作。当时胡愈之主编《东方杂志》，冯宾符做校对。七七事变后，他参加了上海文化界救亡协会。1937年底，他参与翻译斯诺的《西行漫记》。1938年后，上海成为被敌伪包围的"孤岛"，他的公开职业先后是麦伦中学和储能中学的教师，同时秘密积极从事抗日宣传工作。党领导的《译报》创刊后，他是《译报周刊》的主编。（郁进，1984）

可见，这群译者都是文化界的爱国进步人士，都与翻译结缘，积极拥护共产党的政策，因此在国难当头之际能够勇于与国民党做秘密斗争，不顾生命安危来翻译斯诺的这一著作。

3.2.3.3 出版社——复社

斯诺说："1937年7月，我又将《红星照耀中国》的全部抄稿给了一些教授，他们偷偷运到上海（日本人已经占领了北平），在那里他们组织了一个翻译小组加速进行出版工作。他们都是救亡协会的爱国成员，我将翻译版权给他们，所得报酬也给了中国红十字会。他们译成后定名为《西行漫记》，这是有关毛泽东谈话的唯一的权威中文译本。"（斯诺，1984：196）这里，斯诺讲的就是1938年2月由上海复社出版的《红星照耀中国》的第一个中文版《西行漫记》。

上海复社是"孤岛"时期上海地下党领导的、有各界人士参加的一个出版机构。1938年成立，存在约四年。社长由胡愈之担任，负责具体工作的秘书张宗麟是地下党员，参加的社员包括文化教育界、宗教界、工商界中从事抗日救亡运动的一些著名爱国人士。

《西行漫记》是复社出版的第一本书。胡愈之先生回忆："当时上海租界号称'中立'，各种具有革命或抗日倾向的书都不能出。大出版社都已迁往内地，抗日团体已转入地下。因此，出书很困难。怎么出版呢？决心发动群众自己来搞。大体算了一下，估计出版后定价一元。就征求预订，先交订款一元。一下子就征得了一千本订金，用这款买纸。排印问题是这么解决的：当时商务印书馆内迁了，印刷厂还有的没搬走，工人失业了，他们中间有人同我熟，找我要事做。我就请他们印这本书，工人很高兴。我们没钱，工资只好等出书以后付。工人同志真是热情，工作进行得作常迅速。从1937年12月开始翻译，到1938年1月出书，前后也不过一个月时间。这本书是通过群众直接出版的，但对外总也得要一个出版名义。我临时想了一个'复社'的名义。在书上没印'复社'的地址，实际上它就在我家里。书的发行，也是群众自己办理：先发售购书券，然后凭券取书。这本书初版出后很快销掉，接着再版、二版、三版，受到意外的欢迎。但它们都没在书店里出售，而是群众自己组织印发的。"（胡愈之，1979a）

复社原是明末江南地主知识分子的政治集团，继东林党而起，以谋挽救明王朝的统治。愈老借用这个名称，寓意是深刻的，就是要学习明末复社爱国志士的行为，拯救中华民族、救亡图存。根据《上海出版志》记载，复社正式成立于

第 3 章 抗战时期的翻译——政治势力零和博弈的结果

1938 年初，有胡愈之、许广平、周建人、郑振铎、吴耀宗、陈鹤琴、张宗麟、孙瑞璜、王任叔、冯宾符、胡咏骐、黄幼雄、陈明等人集资合办，定 50 块银元一股，集资不到 1000 元。复社是一个合作社性质的机构，对外不标出地址，后来写了一个假地址"香港皇后大道"，实际设在胡愈之的住处——上海巨籁达路（今巨鹿路）174 号，后门是福煦路（今延安中路）174 号。1941 年太平洋战争爆发后，日军占领了租界，复社因此停止活动（宋原放、孙颙，2000：240）。

复社的组织结构，据胡愈之本人后来回忆说，"张宗麟当经理，当时参加'复社'一起翻译和工作的就是王任叔、梅益等几个人，还有我两个弟弟仲持和学恕"（胡愈之，1997：539）。上海档案馆馆藏的《复社社约》及《复社第一次年会记录》真实地记录了复社的组织状况。"复社社约"主要内容包括：复社以"促进文化，复兴民族"为宗旨，主要致力于编印各项图书、发行定期刊物、搜集抗战史料并整理保存。复社由社员和社友组成，社员由复社创立会或社员会议推选，额定三十人，入社时一次缴纳社费五十元；社友由购买复社出版物的读者，以及参与复社工作的作者、编者、印刷发行者组成，社员会议选出常务委员五人，其中社长一人、秘书一人、编辑主任一人、出版主任一人、发行主任一人；社员会议选举监察委员二人，负责监察会计账目；暂设总社于上海，经社员会议通过，得在其他各地设立分社。此外，社约对社员出社、社员会议的职权、基金来源等都有详细规定。根据召开于 1939 年 4 月 1 日的复社第一届年会的记录，复社当时有社员 20 人左右（冯绍霆，1983）。

复社在上海"孤岛"复杂的斗争环境下，存在了约四年。由于处境危险、资金短缺、人员缺乏等客观条件的限制，复社翻译、出版的书籍不多。民国二十八年四月十五日（即1939年4月15日），复社发行了《续西行漫记》（*Inside Red China*）第一版，很快售完，至同月25日再印一版，此后又多次重印。《续西行漫记》原本应当译作《红色中国内幕》为宜，但因此前复社已经推出了埃德加·斯诺的《西行漫记》，胡仲持等便仿此将其译作《续西行漫记》，而这一译名也为后人所沿用；原作者名 Nym Wales 则译作"宁谟·韦尔斯"，与目前的通行译名"尼姆·威尔斯"有异。译者为胡仲持、冯宾符、凌磨、席涤尘、蒯斯曛、梅益、林淡秋、胡学恕，共八人。其中的四人即胡仲持、冯宾符、梅益、林淡秋此前也参与翻译了复社版《西行漫记》。复社版《续西行漫记》既有精装本，也有平装本。翻译出版方式与《西行漫记》几乎一样。

1938年以由蔡元培、宋庆龄任正副主席的"鲁迅先生纪念委员会"的名义，出版《鲁迅全集》，极大部分的实际工作仍然是复社做的。胡愈之、王任叔、郑振铎、许广平、胡仲持、张宗麟等负责编辑出版工作。正如许广平在《〈鲁迅全集〉编校后记》中所说，"总计此次编印全集经过……但实由复社同人暨各界人士合力而成。历时四月，动员百数十学者文人以及工友，为全集而挥笔、排校。……六百余万言之全集，竟得于三个月中短期完成，实开中国出版界之奇迹。"（许广平，1938）

此外，可以确定的是复社还出版了《列宁选集》（冯邵霆，1983：71）。复社存在的时间虽不长，却办了三件大事：一是以复社名义出版《西行漫记》与《续西行漫记》；二是出版《鲁迅全集》；三是秘密出版《列宁选集》。"复社起来的时候，像从海面上升起的太阳，光芒万丈，海涛跳拥，声势极盛。"（郑振铎，1983：151）"《鲁迅全集》……《西行漫记》的印行，在那样烽火连天的年代，狐鼠横行的'孤岛'上，使这些皇皇巨制得以问世的主持经营者，应该是属于'不世之功业'的一类。"（柯灵，1983：210）

3.2.4 博弈方的行动与策略

如前所述，策略是参与者如何对其他参与者的行动做出反应的行动规则，它规定参与者在什么情况下选择什么行动。在进行博弈时，所有的参与者是依据什么做出自己的决策的呢？那就是信息，是参与者在博弈过程中能了解和观察到的知识。信息对参与者至关重要，每一个参与者在每一次进行决策之前，必须根据观察到的其他参与者的行动和了解到的有关情况做出自己的最佳选择。在翻译《红星照耀中国》的这一场博弈中，博弈的一方——译者非常清楚博弈的对手即日军和国民党的政策，因此他们有着更多的选择的自由，有着更多的行动方案。具体表现在他们采用了特殊的译本名称以及他们呈现的译作独特的面貌。而博弈的另一方，主要以国民党为首，他们对译者的行动与策略缺乏了解，只能在译作已经翻译出版后进行消极查禁，这是其仅有的应对策略。

3.2.4.1 译名的由来

关于译名的由来，胡愈之在《胡愈之谈〈西行漫记〉中译本翻译出版情况》一文中介绍："斯诺的原书名直译过来是《中国天空上的红星》，在当时的情况下当然不能照译。我们就改用一个隐讳些的书名。为什么要叫《西行漫记》？因为在工农红军长征以后，关于我们党在西北情况的比较真实客观的报道，只有一本书：范长江同志写的《中国的西北角》。范长江同志当时是《大公报》记者,他跟随国民党部队去了西北,写了一系列关于红军的报道,后来集印为这本书,限于当时条件,不能写得很明显,但是已经很受欢迎了。从此,'西'或'西北'就成了我们党所在地的代称。《西行漫记》这书名,一般人看了就可以联想到我们党。"(胡愈之,1979b)

此外,译者之一的倪文宙也提到,"为了书名的翻译,大家颇费点脑筋,觉得老老实实译为'红星照耀中国'会引起日寇和国民党的注意,增加出版发行的困难,不宜采用。当时我提出用'西行漫记'这一书名,以笔记游记的轻松意味掩护着内容。于是大家就同意了。"(中国史沫特莱、斯特朗、斯诺研究会,1991:114)

3.2.4.2 译作的面貌

除了对书名的翻译进行深思熟虑之外,在具体翻译的过程中,译者们也颇费苦心。原文第 11 章中第 5 节 "That Foreign Brain-Trust"(那个外国智囊)的主要内容是介绍第三国际派遣来苏区的德国人李德的情况。但是,在当时民族主义情绪日渐高涨的中国,如果把这些内容全部翻译出来,难免会引来部分群众对中共早期曾听命于共产国际的那段历史有所诟病,从而对中共产生许多批评和质疑,因此为了避免给中国读者造成中国共产党完全依赖共产国际的印象,《西行漫记》中省略了这一整节的内容,译者的处理不可不谓胆大心细。

在当时的历史条件下,《西行漫记》的翻译约定在"一星期内完成"(同上),十二位译者每人分译一或两章。译者之一的倪文宙先生在九十高龄的时候回忆:"我分任两章的翻译,记得是讲述彭德怀的。我这时日里教书,实在疲极,晚上很少熬夜工作。在这几天里,也只好翻译到午夜1点钟才睡。"(同上)对其他译者而言,情况大抵类似。大家都是在胡愈之的召集下,临时受命。而据本章前述的译者群简介可以推断,大家都是在革命工作之余来从事《红星照耀中国》的翻译工作。因此,这个译文匆促上马,质量不免粗糙。在当时的条件下,译者们没有对原文的词句表达进行过多的考虑,许多语言表述诘屈聱牙,甚至有错译误译。例如原文的"I was destined to spend my first night in Red territory."(Snow,1937:49)译得极为拗口——"我被注定消磨在苏区里的第一夜。"(斯诺,1960:32)此外,原文的"four children"(Snow,1937:239)错译为"他的四个孙子"(斯诺,1960:202);"considerable exploitation of the peasantry"(Snow,1937:186)被译成"红党们对于农民们,必定有很好的利用"(斯诺,1960:154)(其正确的理解应为"相当程度的剥削")。尽管如此,译者们这种不得已的翻译策略而导致的诗学妥协,丝毫没有影响《西行漫记》给中国读者带来的强烈震撼与巨大影响,以及随之而来的国民党对译作的严格查禁。

3.2.4.3 对译作的查禁

1927年国民党在全国建立反动统治,疯狂地在政治、军事上围剿革命力量,并在文化出版界,破坏进步的文化机关,先后颁行《出版法》等一系列文化专制法规,组织图书杂志审查委员会等专门机构,对进步的书刊进行全面查禁和扼杀,摧残和捕杀文化工作者。抗战爆发后,由于第二次国共合作的建立,国民党政府对苏联的外交政策有所改变,随着抗日民主力量的发展,国民党政府对图书报刊等出版物的审查内容和方法,与抗战前也有所不同,但审查的重点是针对以中国共产党为首的抗日民主力量,其推行文化统制的宗旨是始终如一的。实际上,国民党同意与共产党共同抗日,但并没有放弃反共政策,对进步书刊也没有放松查扣。

斯诺的《红星照耀中国》揭露了国民党政府的腐败和反共本质,首次报道了中国共产党和红军为挽救中国做出的英勇斗争,影响巨大。它的各个中文译本激起了国民党政府的惊慌和仇视,被严加查禁。根据抗日战争时期国民党政府查禁书刊目录(1938.3—1945.8)(张克明,1985),被查禁的各种《红星照耀中国》的版本如下:

《红旗下的中国》,赵文华译,上海大众出版社。查禁理由:触犯审查标准。1938年3月,查禁机关:中宣部。

《一个美国人的塞上行》,史诺著。查禁理由:诋毁中央,污蔑领袖,蓄意分化民族团结。1938年7月,查禁机关:中宣部。

《西北新社会》,史诺等著,战时出版社。查禁理由:触犯审查标准。1938年8月,查禁机关:中宣部。

《中国的红区》,史诺等著,救亡社。1938年3月至1939年9月,查禁机关:图审会。

《外国记者印象记》,丁丑编译社。1938年3月至1939年9月,查禁机关:图审会。

《西北散记》,史诺著,邱瑾译,战时读物编译社。1938年3月至1939年9月,查禁机关:图审会。

《西北角上的神秘区域》,施诺著,上海明明书局。1938年3月至1939年9月,查禁机关:图审会。

《红星下的西北》,施诺著,丁丑编译社。1938年3月至1939年9月,查禁机关:图审会。

第3章 抗战时期的翻译——政治势力零和博弈的结果

《西行漫记》，斯诺著，王厂青等译，复社。查禁理由：抨击本党，诋毁政府及领袖。1939年4月，查禁机关：图审会。

这里的"触犯审查标准"，主要指1938年7月经国民党第五届中常会第八十六次会议通过的《修正抗战期间图书杂志审查标准》十五条，限制极严，动辄得咎。图审会即行政院中央图书杂志审查委员会，对图书、杂志和戏剧进行审查，并做出相应的处理。实际上，所谓触犯"审查标准"而遭查禁取缔的，绝大部分是有关宣传全民抗战、抗日民族统一战线和革命文化的书刊。中央图审会成立至抗战胜利，时历七年，有案可稽的查禁书刊达二千余种。尽管中央图审会查禁了许多革命进步书刊，摧残了不少出版单位，但因为坚持抗战、要求民主的宣传深入民心，图审会遭到进步人士的强烈抵制，所以效果甚差。这一点，1944年中央图审会第一科在签呈中记录："本会自廿七年十月至卅二年十二月列表取缔之书刊总共1620种，除卅二年度取缔之书刊206种不计外，尚有1414种。兹根据各省市审查机关廿九、卅、卅一、卅二等四个年度检查报告，详细统计，此1414种中经各地查获没收者仅559种，其余855种，则虚有取缔之名，而毫无所获。"（张钊，1985）

在当时的条件下，斯诺著作的流传，具有一定的隐蔽性，国民党政府不可能全部搜集。但从这些目录也可看出当时查禁之严厉。尽管遭到查禁，《西行漫记》仍然流传，在上海连续出了好几版，在根据地、游击区、香港以及东南亚华侨区，也出版了重印本和翻印本。

3.2.5 博弈的支付与结果——零和博弈的结果

如前所述,零和博弈是指参与博弈的各方,一方的收益必然意味着另一方的损失。这里之所以是一场零和博弈的结果,是因为《西行漫记》的面世能使中共及其领导的红军为世人所知,针对国民党对中共的封锁,能够实现舆论上的突破,共产党的收益意味着国民党的损失。

3.2.5.1 《西行漫记》的巨大影响

斯诺的《红星照耀中国》在世界范围内产生了影响,南非前总统纳尔逊·曼德拉在长篇自传"*Long Walk to Freedom*"中就提到了斯诺的这一著作(Mandela,1994:971)。但它影响最直接的地方,还是中国——当时中国正为长期内战的结束和抗日团结的建立而举国欢腾。复社版《西行漫记》是国内第一个中文正式译本,从翻译到出版仅用了短短的一个多月时间。它奇迹般的问世和迅速流传,使日本驻上海的宪兵队大为震惊,即刻下令严加查禁,并逮捕不少进步文化人,妄图破获复社,一网打尽。该书出版后大受群众欢迎。1938年2月10日出版,4月10日、10月10日、11月10日几次重印,十个月内四次共印行8000册。这在当年是个非常可观的发行量。从当时的出版地上海"孤岛",很快传到内地、香港和海外,引起了轰动,于是又有多种重印本、翻印本出现。

在沦陷区和国民党白色恐怖弥漫的地方,许多进步读者冒着生命危险竞相传阅乃至辗转传抄;不少热血青年秘密携带《西行漫记》,排除艰难险阻,辗转奔向红星升起的革命圣地延安。对此,斯诺本人也有深刻感受和真切体验,他后来在《为亚洲而战》一书中曾写到:"战争开始以后,我走到一处地方,哪怕是最料不到的地方,总有那肋下夹着一本《西行漫记》的青年,问我怎样去进延安的学校。在有一城市中,教育局长像一个谋叛者似的到我这里来,要我'介绍'他的儿子,让他去进延安的军政大学。在香港,一个发达的银行家也使我吃惊地做了同样的请求。"(斯诺,1984)

陈一鸣,著名教育家陈鹤琴之子,1938年8月1日秘密加入中国共产党,曾担任上海学生界救亡协会宣传干事,上海地下学生运动委员会委员,成为上海学生运动的骨干。他在《红星照耀青年去战斗》一文中写到:"我们拿到这本红书,争相阅读,心情兴奋。在上海一百多所大、中学校里,特别是学生组织的读书会里,普遍传阅或讨论。有的地方,一本书被拆成几部分,几个学生交换着看。青年们热爱这本红书,进一步焕发了革命热情,走上坚持抗战和革命的道路。我也就是读了这本书后,受到了强烈的感染,促进了共产主义人生观的确立而投身革命的。"(中国史沫莱特、斯特朗、斯诺研究会,1991:28)

著名漫画家华君武这样描述自己当时读到《西行漫记》的感受:"读着读着,我被它吸引住了。从感性上我了解了中国共产党、中国工农红军和老百姓的关系。原来中国还有这样一块地方——陕北。那是和我所厌恶的国民党统治的旧社会和丑恶的十里洋场上海完全不同的一块净土,那边空气新鲜,人和人的关系是平等的,呼吸是自由的,共产党和红军是一贯主张爱国抗日的。《西行漫记》用大量的事实,给我澄清了国民党对共产党长期的造谣污蔑、反共宣传。1938年上海沦陷,我更加处于一种不甘心当亡国奴又不愿跟着国民党走的情况下,斯诺的《西行漫记》真可以说是黑暗中的火把。我瞒着家庭、亲戚、朋友和同事,秘密离开了上海。我从未出过远门,这时我单身一人经过3个月的长途跋涉,途经香港、广州、长沙、汉口、重庆、成都、宝鸡、西安,最后到达了陕北,已经是隆冬的季节。这都是《西行漫记》给了我力量。"(同上:105-6)

对作家高缨(1929—2019)来说,《西行漫记》是他人生道路上的一块指路牌,在如饥似渴地读完了这本书后,他"忽然觉得自己长大成人了,忽然觉得昔日朦胧的梦幻变成了清晰的现实,眼前一片光明,脚下出现一条路——革命的路,我的路"。此后他加入中国共产党,从事党所交给的秘密工作。"回忆当年,我是那样地忠诚,那样地不要命!……渺小的我,一旦走上革命之路,不知哪里来的那么大的胆子和那么多的聪明。"(同上:109)

老报人姚北桦同志在抗日战争爆发时,还是一个15岁的中学生,他怀着一腔爱国热情参加抗敌演剧四队,从事抗日救亡工作。1943年,他偶然获得斯诺的《西行漫记》,立刻在一盏桐油灯下读了一个通宵。他曾以《记者生涯的引路人》为题写了一篇散文,记叙此事,说当年"《西行漫记》像一道强烈的光束,在无边暗夜中,照亮了我们这一代青年前进的道路"。1945年,他终于在重庆踏进了新闻界,以斯诺、范长江等前辈为榜样开始了他的记者生涯。(同上:113)

《西行漫记》真实表现了产生中国社会革命运动的基本原因及其前景,真实写出了中共领袖们的神奇远见和准确判断,真实报道了感天动地的长征和构成中国现代历史重要转折点的西安事变,尤其真实塑造了中国共产党人的英雄群体——从领袖毛泽东、周恩来,军事将领贺龙、彭德怀、徐海东、刘志丹,传奇人物董健吾、邓发,到向彭德怀索要路条的少先队员以及具有高度个人自尊的小通讯员向季邦,个个写得栩栩如生,真实感人。正是这群大大小小人物的历

第3章 抗战时期的翻译——政治势力零和博弈的结果

史，构成了中国现代革命史的一个丰富的横断面。因此，《西行漫记》不仅是对当时读者具有强大吸引力的中国革命运动的"内部秘史"，而且至今仍是研究我党、我军历史的具有权威性的珍贵史料；不仅在当时激励了千百万有志青年奔向光明，而且至今仍有助于我们总结历史经验，继承和发扬革命传统。（见网络文献9）此外，《西行漫记》在香港也被广为翻印，远销南洋，对于华侨产生了很大影响。斯诺这本书的中译本在旧中国起了比英文本更大的作用。

1938年毛泽东对德国记者海因兹·希普说了如下的话："当其他人谁也不来的时候，斯诺来到这里调查我们的情况，并帮助我们把事实公诸于世。……我们将永远记得他曾为中国做过一件巨大的工作。他是为建立友好关系铺平道路的第一个人，而这种友好关系是统一战线所必需的，我们不会忘记这一点。"（丁晓平，2002）1939年9月，斯诺第二次访问陕北时，毛泽东同志在干部会上亲自把斯诺介绍给大家，并且说：斯诺的《西行漫记》是真实地报道了我们的情况，介绍了我们党的政策的书，这本书是外国人报道中国革命最成功的两部著作之一（刘力群，1984：40）。中国共产党的声誉也借由翻译走出了陕北，走向世界。

时隔30年之后，《西行漫记》的影响依然巨大。在"文革"期间，与新中国同龄的一代青年竟同他们的父辈一样，通过这本书来认识那个光明的世界，并且对比出身边世界的黑暗，看清了被扭曲得变了形的革命。作为禁书的《西行漫记》再一次担当起启蒙的角色。曾任贵州省委宣传部副部长、上海市政府副秘书长兼作家的张世珠当年正是因《西行漫记》的陪伴，度过了七年"牛棚"生活。（中国斯诺研究会，1991：123-126）。美国东北大学历史学博士、特拉华州立大学历史系教授、长期从事国际共运史研究的程映红，正是由于在 13 岁的时候读到了一本破破烂烂的《西行漫记》，从此迷上了历史，走上历史研究的人生道路。这本书为当时他揭开了一个被掩盖和被扭曲的真实帷幕，"它给我带来的震惊是难以形容的"（同上：136）。画家沈嘉蔚在 19 岁的时候读到《西行漫记》，"雪夜闭门读禁书，从此怀揣梦想，要用斯诺式的忠实，来描绘中国革命史"，1974 年创作油画《为我们伟大祖国站岗》具有全国影响，成为"文革"标志性美术作品之一。1987 年创作的巨幅油画《红星照耀中国》获得全国美展最高奖。（同上：127 - 130）

3.2.5.2 译介外国报告文学热潮

《红星照耀中国》是美国记者斯诺所著长篇报告文学，其中译本《西行漫记》是抗战爆发后上海翻译家和作家完成并出版的第一部外国文学译著。从原文首次在英国出版，到《西行漫记》在沪问世，相距不足四个月，速度之快，在中国现代外国文学翻译史上并不多见。它的问世，顺应了民众心愿和时代需要，出版后畅销不衰，由上海迅速流传外地，成为抗战时期印数最多、销行最广的外国文学译著，并引发了"孤岛"文坛译介外国报告文学作品的热潮。

此后，一批以中国情况为主要内容的外国报告文学译著接连问世。斯诺当时的夫人宁谟·韦尔斯（Nym Wales）后来也突破层层封锁线，采访了朱德、徐向前、肖克、贺龙等人，并写作了《西行访问记》，由华侃译出，1939 年 4 月由复社出版。复社同时出版的还有胡仲持、冯宾符、蒯斯曛等翻译、宁谟·韦尔斯著的《续西行漫记》（*Inside Red China*）一书，书中有 64 幅照片和插图。该书在"孤岛"上海也曾轰动一时。杨刚曾这样评论道："马可·波罗总算在东方揭起了一重帘子，而斯诺及其夫人，六百年后的另两位好奇人,就揭起第二重帘子。而这又是一重富源的开辟,这两部报告文学作品始为人类发掘出来一片崭新的根由。死者将倚它而复活,未来将倚它而入世。在那积古以来尘炕古洞的西北,为人类辉跃着一种崭新的机能。"(苏文光,1985:67)

另一位美国作家、《大地女儿》的作者史沫特莱(Agnes Smedley,1892—1950)在七七事变以后,投笔从戎,从延安奔赴五台山八路军总部做救护工作。随后到武汉,担任英国《曼彻斯特卫报》特派记者,后又到江南新四军战地从事救护工作,并从事文学创作。她在中国创作的反映中国抗战生活的文学作品结集为《打回老家去》(译名为《中国在反攻》),经钱许高译出,1938年由上海导报馆出版。她回美国后创作的两部报告文学作品《中国的战歌》和《伟大的道路:朱德的生平时代》,在美国文坛和世界文坛均引起巨大反响。安娜·路易斯·斯特朗(Anna L. Strong,1885—1970)的《为自由而战的中国》报道了八路军所在区的情况,1939年3月由伍友文翻译,上海棠棣出版社出版。

此外,还有英国记者贝特兰反映西安事变经过的《中国的新生》(林淡秋译)、《华北前线》(林淡秋、蒋天佐、蒯斯曛等译),英国麦雷的《新中国印象记》(梅蔼等译),英国阿特丽的《扬子战线》(石梅林译),美国史特朗的《为自由的中国而战》(伍友文译),美国史密斯的《滇缅公路》,美国卡尔逊的《中国双星》(世界编译社译)等等。这些外国作家、记者的世界观虽各不相同,但他们都有着反法西斯的强烈要求和对中国抗日救亡运动的深切同情,因此,这些著作和中译本为世界了解中国、为中国人民认识自我提供了一条畅通的渠道,在当时产生了很大影响。40年代诗人、作家王辛笛在《中国已非华夏》一文中这样评价:"他们暴露了中国正当动荡的真相,描绘了历史的转捩点和新中国的萌芽,说明了未来中国的历史途径。而更主要的,他们所爱的不是中国的古老,在他们笔下的,是一个活的有生气的中国,在蜕变成长中的中国。也许有人认为他们不过是一群喜好新奇的新闻记者,但他们是中国的最真实的友人。也许有人认为他们的新闻报道文学完全是些太带时间性的作品,不会永久存在的,但他们发掘了中国民族伟大的人性。"(王辛笛,2012:17-18)

反映国际反法西斯斗争或革命斗争的外国报告文学作品,也受到重视,陆续出版的译作有意大利史蒂芬·罗兰的《我是希特勒的囚徒》(徐柏堂译)、英国汉德森的《使德辱命记》(倪文宙译)、英国维拉·布瑞坦的《在英伦前线》(云玖译)、苏联爱伦堡的《她有一支来福枪》(梅益译)、苏联伊凡·握芜却莱珂的《火圈里》(易默即黄子祥译),还有外国有关苏日武装冲突的报道、评述文集《张鼓峰的战斗》(侯飞即姜椿芳译)等等。(陈青生,1997)"孤岛"大量译介外国报告文学作品,对当时中国作家把握这一文学样式的艺术特性起到了巨大的推动助益作用。

第4章　新中国成立前夕的翻译——译者两种价值观的博弈

翻译活动涉及诸多人与人之间的关系，如作者与译者、译者与读者以及译者与赞助人之间的关系。这当中存在着一种翻译的伦理。对原文忠实是每一位译者本应持有的态度与立场。法国著名翻译学者安东尼·贝尔曼（Antoine Berman）在其《翻译的显形》（The Manifestation of Translation）一文中首次提出了"翻译伦理"的概念（Berman，1984/1992：5）。在《翻译批评论：约翰·唐》中他再次指出，翻译的伦理"在于对原文的尊重"（Berman，1995：7），翻译要对应原作和它的语言。贝尔曼用"尊重"这个概念，提出尊重诗学和伦理的双标准，"消弭了忠实与再创造的争论"（许钧、袁筱一，2001：296）。但同时，译界的另一基本共识是：翻译也是一种受作为意识形态存在的政治价值观影响的活动，意识形态对翻译文本进行着操纵性改写。因此译者持有的伦理价值观和政治价值观之间就可能相互影响，在译者翻译的过程中形成博弈局面。

抗日战争胜利后，中国社会的主要矛盾由日本帝国主义同中华民族之间的矛盾，转变成为以美国支持的蒋介石集团为代表的大地主、大资产阶级同以中国共产党为代表的人民大众之间的矛盾。(王宜秋,2013)毛泽东指出:"美国帝国主义要帮助蒋介石打内战,要把中国变成美国的附庸,它的这个方针也是老早定了的。"(中共中央文献研究室,1991:1132)蒋介石国民党集团拒绝在和平条件下实行政治改革,而依靠美国的援助发动反人民反革命的内战,把自己处于同中国广大人民势不两立的地位。而此时的中国共产党在抗战时期已经成熟起来,全党上下一心,团结一致,并且有了一支强大的人民军队,从而成了全国人民的希望。中国共产党坚持和平、民主、团结的建国方针,博得了人民的一致拥护。"和平、民主、独立成为中国人民的愿望,也是共产党的一贯方针。但国民党蒋介石的基本方针仍然是内战和独裁,和谈只是他用以消灭民主势力的一种迂回的办法。当这种办法不灵的时候,便公开诉诸武力,企图依仗其军事优势达到其目的。在这种情况下,中共只好'蒋反我亦反',迎接国民党的军事挑战。人民解放军在自卫的原则下,先后粉碎了国民党军队的全面进攻和重点进攻,并及时地转入了战略反攻和战略决战,使蒋介石在军事上一败涂地。"(张波,1993)

正是在这样的历史背景下,新中国即将诞生之时,上海出现了两种依照美国兰登书屋1938年7月再版的《红星照耀中国》译出、含有第13章内容的新版本。一个是启明书局版,另一个是急流出版社版,"把共产党的精神灌溉到全中国人民的心田之中"(斯诺,1949:"小引"),为建立新中国做舆论上的准备。译者的这一翻译初衷决定了其翻译时政治立场的偏向——倾向中共,因而这一政治价值观不可避免地会与译者应有的翻译伦理价值观——"对原文的尊重"产生矛盾与博弈。

第4章 新中国成立前夕的翻译——译者两种价值观的博弈

4.1 《长征25000里》编译者的价值观博弈

4.1.1 翻译伦理价值观

斯诺的《红星照耀中国》在美国最初由兰登书屋于1938年1月3日出版,它向当时不明了中国事态的美国人"宣示了中国政治革命背后全部复杂势力的最明晰的解说"(斯诺,1938:引言)。但是,随着中日战局的发展,出版社要求斯诺"用目前的见地"(同上)把书增订一番,因此斯诺新增了一章,取名为"旭日上的暗影",同时还做了许多内容方面的修改,比如补充全新的日本内侵的地图。这就是1938年7月的再版。再版的引言介绍了新增的第13章的内容,称赞了斯诺富有远见的预言,高度评价这本书,是"全世界了解中国的一册永久文献"。(同上)

8个月之后,1939年3月,根据上述版本译出的中文版本由上海启明书局出版,由史家康、顾水笔、赵一平、张其韦、祝凤池、王念龙六人合译。他们的翻译初衷是希望广为传播共产党的抗战精神:"作者在书中不但详述了红军中几个显耀人物的奋斗历史,而且还阐明了红军不可征服的战斗精神。书中所提到的一些关于抗战的意见,都是一种准确的判断,尤其是共产党领袖的那些先见,正确地分析那些促成对日抗战的事实,预测这一次抗战的性质,并且指出中国为求生存而起来抗战的绝对必要。我们希望中国英勇的革命情绪和热烈的抗战精神能像本书中活跃的革命故事和抗战史料一样普遍地流传到全中国人民的心里。"(史诺,1949:译者序言)。十年后的1949年6月此书重版,为启明书局新二版。相比初版,增加了书局编辑钱公侠所写"重版序言",

指出"我们今日将此书重版,一则以迎接解放的事实,一则以贡献于所有解放了的人民大众之前,用为同声的欢呼与号召"。

钱公侠(1908—1977),浙江嘉兴人,1931年毕业于上海光华大学。在校时,他曾是光华大学文学会的主要成员,积极参与文学活动。《鲁迅全集》第18卷记载,1929年4月9日,钱公侠曾以该校学生会名义邀请鲁迅去讲话。大学毕业后,曾在浙江南浔中学、上海启明女子中学任教。后在上海从事编辑出版工作,有一定的名声。1943年12月,钱芥尘创办《大众》杂志,钱公侠任主编。1944年12月,钱公侠创办《语林》杂志,自任主编。1945年起,进上海启明书局任编辑。(曹成章,2010)启明书局1936年成立于上海,创办人沈志明,其父乃中华书局的创始人沈知方(1882—1939)。书局设在福州路。"启明"主要出版中学的课外读物、工具书和一些世界文学名著的节译本,如《少年维特之烦恼》《鲁滨孙飘流记》等,还出版过一套很有影响的《中国新文学丛刊》。"启明"的出版标志十分简洁,一盏造型极美的油灯,一丁点火焰虽未画出光芒,但感觉非常明亮。书局印行的斯诺的《二万五千里长征》新一版一经面世,大受欢迎,顷刻销售一空,当月即行再版,为1949年6月新二版,同年11月,上海出了第三版,香港又印行了一版。(张小鼎,2006a)

译者抑或编者另起炉灶,以全书的第五章"长征二万五里"为题,个中缘由或许可以从"重版序言"中略窥一斑。"序言"作者钱公侠认为:"人人爱解放军,人人对于解放军的成就感到又快乐又惊奇。……这是什么缘故呢?究竟有什么强大的力量可以鼓励他们不顾生死坚持这种政见而斗争到底呢?解放军的经历和由来,是一连串难以索解的问题。

要回答这些问题,就该将史诺这部《长征》细读一过。这是20世纪一个古老民族用血肉写出来的史诗,读了这史诗,我们不但可以恍然于解放军之有今日的所以然,而且可以欣然于认识这古老民族动脉中所流的新鲜的血液,以至于他的光明前途的必然。"20世纪30年代,中国工农红军历经艰苦卓绝的长征,完成了绝处逢生的战略大转移。美国出版的《人类1000年》一书中,将红军长征评选为最近1000年中,对人类文明进程影响最大的100件事件之一。长征,是人类战胜艰难困苦的英雄史诗,是战争史上的巍峨丰碑。(见网络文献10)1936年6月,毛泽东等在陕北向美国记者斯诺讲述长征,这是最早的口述长征史。

4.1.2 政治价值观的博弈策略——省译

如前所述,《长征25000里》依照的原文是1938年的修订版,笔者将此原文与译文进行对比,发现译者删除、修改了下列内容,究其原因,极有可能是译者的政治价值观促使其做了这样的修改。

(1)《长征25000里》延续了1938年复社版的做法,没有翻译第11章的"那个外国智囊"小节。理由也应该与复社译者的考虑一样,为了避免给中国读者造成中国共产党完全依赖共产国际的印象,省略了这一整节的内容。

(2)本书的第48页有一段评价周恩来的文字,译者省略了这一句:

> Chou must be a fanatic, I told myself, and I looked for the fatal gleam of retina. But if it was there I failed to discern it. He talked on slowly, quietly, thoughtfully. (Snow, 1938: 48)。

我暗自想,周恩来一定是个狂热分子,因此我想寻找这必有的神色。但是如果说有这种神色的话,我却没有发觉出来。他谈吐缓慢安详,深思熟虑。(斯诺,1979:47)

这一句话的省略可能是因为,译者对斯诺之前推断周恩来是个"狂热分子"的说法有所顾虑。

(3)

But how absurd! Do the Reds really imagine that China can defeat Japan's mighty war-machine? I believe they do. What is the peculiar shape of logic on which they base their assumption of triumph?(Snow, 1938:83)

划线的句子未译。原因是显而易见的。斯诺认为共产党认定中国可以打败日本这一强大的战争机器的想法是荒谬可笑的。而这样的情绪与观点,应该是因为不符合译者的政治价值观而被删除。

(4)原文有一段话描写一个轻松滑稽的画面——羊群啃球网。

Comic relief was provided at this moment by the meandering goats. They were discovered nonchalantly consuming the tennis net, which some one had forgotten to take down. A wave of laughter swept the audience while some cadets gave chase to the culprits and salvaged this important property of the recreation department. (Snow, 1938:102)

在对应的第97页,这一段整体没有被翻译。这里的原因也不难猜测,因为上文描写的是看戏群众高喊抗日口号的场面,译者或许认为这一小插曲是不合时宜的,在国难当头的时候,开玩笑也变得不妥。

(5)

> Like Ch'ên Tu-hsiu, Li Li-san lacked faith in the rural Soviets, and urged that strong aggressive tactics be adopted against strategic big capitals like Changsha, Wuhan, and Nanchang. He wanted a "terror" in the villages to demoralize the gentry, a "mighty offensive" by the workers, risings and strikes to paralyze the enemy in his bases, and "flank attacks" in the north, from Outer Mongolia and Manchuria, backed by the U.S.S.R. Perhaps his greatest "sin," in Moscow's eyes, was that in 1930 he held China to be the "center" of the world revolution, thus denying that role to the Soviet Union. (Snow, 1938: 161 – 162)

这里斯诺评述李立三:和陈独秀一样,对农村苏维埃缺乏信心,他主张对长沙、武汉、南昌那样的战略大城市采取大举进攻的策略。他主张在农村搞"恐怖",来打掉地主豪绅的气焰;主张工人发动"强大的攻势",举行暴动和罢工,使敌人在自己的地盘上陷于瘫痪;主张在苏联支持下从外蒙和满洲开展北面的"侧击"。也许在莫斯科心目中他的最大"罪过"是他在1930年认为中国是世界革命的"中心",这就否定了苏联的这一地位。这一大段涉及对政治人物李立三的历史评价以及苏联对其的态度,在当时是政治敏感话题,所以译者出于政治考量,予以删除。

(6)

While the Red Army's March to the North-west was unquestionably a strategic retreat, it can hardly be called a rout, for the Reds finally reached their objective with their nucleus still intact, and their morale and political will evidently as strong as ever. The Reds themselves declared, and apparently believed, that they were advancing towards the anti-Japanese front, and this was a psychological factor of great importance. It helped them turn what might have been a demoralized retreat into a spirited march of victory. History has subsequently shown that they were right in emphasizing what was undoubtedly the second fundamental reason for their migration: an advance to the strategic North-west, a region which they correctly foresaw was to play a determining role in the immediate destinies of China, Japan and Soviet Russia. This skilful propagandive maneuver must be noted as a piece of brilliant political strategy. It was to a large extent responsible for the successful conclusion of the heroic trek. (Snow, 1938: 195)

在这里, 斯诺评价了红军长征:

红军的西北长征, 无疑是一场战略撤退, 但不能说是溃退, 因为红军终于到达了目的地, 其核心力量仍完整无损, 其军心士气和政治意志的坚强一如往昔。共产党人认为, 而且显然也这么相信, 他们是在向抗日前线进军, 而这是一个非常重要的心理因素。这帮助他们把原来可能是军心涣散的溃退变成一场精神抖擞的胜利进军。进军到战略要地西北去，无疑是他们大转移的第二个基本原因，他们正确地预见到这个地区要对中、日、苏的当前命运将起决定性的作用。后来的历史证明，他们强调这个原因是完全对的。这种宣传上的巧妙手法必须看成是杰出的政治战略。在很大程度上，这是造成英勇长征得以胜利结束的原因。（斯诺，1979：180）

笔者猜测，译者不认同斯诺这番言论措辞中的某些观点，所以选择省略。比如："共产党人认为，而且显然也这么相信，他们是在向抗日前线进军，而这是一个非常重要的心理因素。"这句话的言下之意是"他们在向抗日前线进军"这只是共产党人单方面的看法，并不一定是事实。另外，"这种宣传上的巧妙手法"也有贬低红军长征的意义之嫌。

（7）

> Every company had its own cook and commissariat. The Reds' diet was extremely simple; <u>millet and cabbage, with a little mutton and sometimes pork, were an average meal, but they seemed to thrive on it.</u> Coffee, tea, cake, sweets of any kind, or fresh vegetables were almost unknown, but also unmissed. (Snow, 1938：281)

画线的句子未译。译者认为如果照译原文，"小米加白菜，另加一点点羊肉，有时能有猪肉"，那红军的伙食就不能说是"极其简单了"。

(8)

Whether the majority of them believed the Reds were sincere in their promises is quite another matter. I doubted it. Years of maltreatment by the Chinese militarists, and racial hatreds between Han and Hui (Chinese and Moslem), had left among them a deep and justified distrust of the motives of all Chinese, and it was unbelievable that Communists had been able to break down this Moslem skepticism in so short a time. Such Moslems as co-operated with the Reds probably had reasons of their own. (Snow, 1938: 321)

但是他们之中大多数人是不是认为共产党说话是算数的,那就是另一回事了。我对此是怀疑的。中国军阀的多年压迫和汉回之间的仇恨,使他们对一切汉人的动机都理所当然地深为怀疑,共产党能在这么短的时间内消除回民的这种怀疑,令人难以置信。这种回民与共产党合作,也许有他们自己的理由。(斯诺,1979:289-290)

这一段话的内容涉及汉回的民族矛盾,在当时的形势下,不利于读者理解共产党提出的抗日民族统一战线的形成,因此译者要进行省译。

(9)

This arrival of the Generalissimo made an unforgettable contrast with the scenes still fresh in my mind—of Mao Tse-tung, or Hsu Hai-tung, or Lin Piao, or P'eng The-huai nonchalantly strolling down a street in Red China. And the Generalissimo did not even have a price on his head. It vividly suggested who really feared the people and who trusted them. But even all the precautions taken to protect the Generalissimo's life in Sian were to prove inadequate. He had too many enemies among the very troops who were guarding him. (Snow, 1938: 391-392)

> 总司令的驾到同我记忆犹新的场面——毛泽东、徐海东、林彪、彭德怀毫不在乎地走在红色中国的一条街上——截然不同，令人难忘。而且总司令并没有人悬赏要他首级。这生动地说明谁真的害怕人民，谁信任人民。但是即使西安府所采取的全部保护总司令生命的措施后来也证明是不充分的。就在保卫他的军队中间，他的敌人也太多了。(斯诺，1979: 354)

这一段话本无政治上任何的不妥，因此笔者只能推断或许这是译者出于对于共产党领导人物的安全考虑，不便如此明说他们"毫不在乎地走在红色中国的一条街上"吧。

(10) 斯诺如下陈述红军对回民的八项承诺：

> To abolish all sur-taxes.
>
> To help form an autonomous Mohammedan government.
>
> To prohibit conscription.
>
> To cancel old debts and loans.
>
> To protect Mohammedan culture.
>
> To guarantee religious freedom of all sects.
>
> To help create and arm an anti-Japanese Mohammedan army.
>
> To help unite the Mohammedans of China, Outer Mon-

golia, Sinkiang, and Soviet Russia.（Snow，1938：318）

这里划线句的译文——"联合全中国和苏俄的回民！"明显不同于原文的直译——"联合中国、外蒙、新疆和苏俄的回民"，可见译者的政治价值观与其翻译伦理价值观的博弈，结果是政治价值观占了上风。在译者看来，凡有"不妥之处"的原文都遭到省译。

4.2 急流版《西行漫记》译者的价值观博弈

4.2.1 翻译伦理价值观

4.2.1.1 翻译目的

译者的翻译伦理价值观不仅体现在其对原文、原作、读者的态度，还体现在其翻译的目的上。时值1949年，复社版《西行漫记》已经名满天下，译者重译《红星照耀中国》是因为："一本惊动世界的文献，似乎需要更多的译本，以广流传而遍及各地，把共产党的精神，灌溉到全中国人民的心田之中，以达改变陈旧的封建与帝国主义的思想，或者是不无借镜的。"（译者"小引"）这本署名"亦愚"翻译的《西行漫记》（副题《二万五千里长征》），1949年9月由上海急流出版社印行，32开，359页。扉页附有红军长征路线图，照片14帧，与上述启明书局版同在新中国成立前问世。

4.2.1.2 省 译

遗憾的是，关于署名为"亦愚"的译者以及急流出版社，笔者没能找到任何相关的信息，所以译者的翻译伦理价

值观只能从其译作中推断。从译者对一些无涉政治的语句的省译，可以看出译者的翻译伦理价值观，即没有充分尊重原文。比如，

（1）斯诺在开篇提出了"当时关心东方政治及其瞬息万变的历史的人"感到兴趣而未获解答的八十个问题，但急流版的译者删掉了十几个问题。

> 原文是：What was the strength of the Red Army? Half a million, as the Comintern publications boasted? If so, why didn't it seize power? Where did it get arms and munitions? Was it a disciplined army? What about its morale? Was it true that officers and men lived alike? If, as Generalissimo Chiang announced in 1935, Nanking had "destroyed the menace of Communist-banditry," what explained the fact that in 1937 the Reds occupied a bigger single unified territory (in China's most strategic North-west) than ever before? If the Reds were finished, why did Japan demand, as the famous Third Point of Hirota, that Nanking form an anti-Red pact with Tokyo and Nazi Germany to "prevent the bolshevization of Asia"? Were the Reds really "anti-imperialist"? Did they really want war with Japan? Would Moscow support them in such a war? Or were their fierce anti-Japanese slogans only a trick and a desperate attempt to win public sympathy, the last cry of demoralized traitors and bandits, as the eminent Dr. Hu Shih nervously assured his excited students in Peiping? (Snow, 1938: 6)

这些问题代表了当时人们对红军、共产党的疑问，是确

实让斯诺感到不解的问题,其内容也不会于中共不利。之前的复社版、启明版都有译出——

> 红军的兵力有多少?真像共产国际所吹嘘的那样有五十万人吗?果真如此,他们为什么没有能夺取政权呢?他们的武器和弹药是从哪里来的?它是一支有纪律的军队吗?它的士气怎么样?官兵生活真是一样吗?如果像蒋介石总司令在一九三五年所宣布的那样,南京已经"消灭了共匪的威胁",那末共产党到一九三七年在中国战略地位最重要的西北占领了一块比以前更大的整块土地,又怎样解释呢?如果共产党真的是完蛋了,那末,为什么日本在著名的广田弘毅第三点中要求南京同东京和纳粹德国缔结反共协定以"防止亚洲布尔什维化"呢?共产党是真正"反帝"的吗?他们真要同日本交战吗?在这场战争中,莫斯科会帮助他们吗?或者,像著名的胡适博士拼命说服他在北京的情绪激昂的学生那样,他们的激烈的抗日口号只不过是争取公众同情的诡计和绝望的挣扎,是亡命的汉奸和土匪的最后呼号?(斯诺,1979:5)

(2)在"共产党的基本政策"这一小节(Snow, 1938: 75-83),斯诺写了他了解到的共产党的对内和对外政策,这当中有些段落是斯诺引用的毛泽东的原话,在政治上应该是稳妥的,但译者省略了多达七处的段落。其相应的原文和中文内容分别是:

①The Communists think that rural bankruptcy has been

accelerated by the disastrous consequences of abandoning the anti-imperialist struggle, which to most Chinese today means the "anti-Japanese struggle." As a result of Nanking's "no-war policy" against Japan, China has lost to Japanese invaders about a fifth of her national territory, over 40 per cent of her railway mileage, 85 per cent of her unsettled lands, a large part of her coal, 80 per cent of her iron deposits, 37 per cent of her finest forest lands, and about 40 per cent of her national export trade. Japan now controls over 75 per cent of the total pig iron and iron mining enterprises of what remains of China, and over half of the textile industry of China. The conquest of Manchuria also robbed China of its own best market as well as its most accessible raw materials. In 1931, Manchuria took over 27 per cent of its total imports from other Chinese provinces, but, in 1935, China could sell Manchukuo only 4 per cent of those imports. It presented Japan with the region of China best suited for industrial development and enabled her to prevent that development and shuttle the raw materials to her own industries. It gave to Japan the continental base from which she could inexorably continue her aggression in China. These are changes which, many feel, completely wiped out the benefits of any reforms that Nanking may be able to claim to its credit for generations in the future—even provided the rest of China remains intact. (Snow, 1938: 78 – 79)

共产党认为,农村的破产由于放弃反帝斗争——这在大多数中国人看来即"抗日斗争"——带来的严重不利后果而加速了。由于南京对日本采取"不抵抗政策"

的结果，中国把五分之一的领土，百分之四十以上的铁路线，百分之八十五的荒地，一大部分的煤，百分之八十的铁矿，百分之三十七的最佳森林地带以及百分之四十左右的全国出口贸易丢给了日本侵略者。日本现在还控制了中国剩下来的地方的百分之七十五以上的全部铣铁和铁矿企业，中国一半以上的纺织业。对满洲的征服，不仅从中国夺去了它最方便的原料来源，而且也夺去了它自己最好的市场。在一九三一年，满洲从中国其他各省的输入，占其总输入的百分之二十七以上，到一九三五年，中国对伪满洲国的贸易，却只占其输入的百分之四。日本因此得到了中国最适于工业的区域——使它可以阻止这种发展，而把原料移用到它自己的工业。这给予了日本以大陆上的根据地，它可以从这里毫无顾忌地继续侵略中国。许多人觉得，即使中国其余部分不再遭侵略，这种种变化，已完全勾销了南京可以归功于自己的任何改革给后代带来的好处。（斯诺，1979：74）

② (But of these two basic aims they realized that the fight for national survival was paramount,) and must be conducted even at the expense of abandoning the internal struggle over the land question; that class antagonisms might have to be sublimated in, certainly could not be satisfied without, the successful solution of the external antagonism with Japan. (Snow, 1938: 80)

（在这两个基本目标中，他们认识到争取民族生存的斗争是最最重要的，）甚至要不惜放弃土地问题的国内斗争去进行；而阶级矛盾可能不得不从属于外部的对

日斗争的胜利解决,没有这胜利解决,阶级矛盾当然是不能满意地解决的。(斯诺,1979:75)

③ The fundamental issue before the Chinese people today is the struggle against Japanese imperialism. Our Soviet policy is decisively conditioned by this struggle. Japan's warlords hope to subjugate the whole of China and make of the Chinese people their colonial slaves. The fight against the Japanese invasion, the fight against Japanese economic and military conquest—these are the main tasks that must be remembered in analyzing Soviet policies.

Japanese imperialism is not only the enemy of China, but also of all people of the world who desire peace. Especially it is the enemy of those peoples with interests on the Pacific Ocean; namely, the American, British, French and Soviet Russian nations. The Japanese continental policy, as well as naval policy, is directed, not only against China, but also against those countries... (Snow, 1938: 80)

今天中国人民的根本问题是抵抗日本帝国主义。我们苏维埃的政策决定于这一斗争。日本军阀希望征服全中国,使中国人民成为他们殖民地的奴隶。反抗日本侵略的斗争,反抗日本经济和军事征服的斗争——这都是在分析苏维埃政策时必须记住的主要任务。

日本帝国主义不仅是中国的敌人,而且也是全世界所有爱好和平的人民的敌人。它特别是那些在太平洋有利害关系的各国,即美、英、法和苏俄各国人民的敌人。日本的大陆政策和海上政策一样,不仅针对着中国,而且也是针对那些国家的……(斯诺,1979:75)

④译者用"毛泽东有详细的解说,另载专论"代替了原文:

Concerning the question of imperialism in general we observe that among the great powers some express unwillingness to engage in a new world war, some are not ready to see Japan occupy China: countries such as America, Great Britain, France, Holland and Belgium. Then there are countries permanently under the menace of the aggressive powers, such as Siam, the Philippines, Central American countries, Canada, India, Australia, the Dutch Indies, etc. —all more or less under the threat of Japan. We consider them our friends and invite their co-operation… (Snow, 1938: 80 - 1)

关于总的帝国主义问题,我们认为在大国中间,有些表示不愿参加新的世界大战,有些不愿坐看日本占领中国,如美、英、法、荷兰和比利时等国。此外还有永远在侵略强国威胁下的国家,如暹罗、菲律宾、中美各国、加拿大、印度、澳大利亚、荷属东印度等,这些国家,都多少在日本的威胁之下。我们都把它们当作朋友,请它们合作……(斯诺,1979: 76)

⑤ I asked Mao whether the Soviets were in favour of cancelling unequal treaties. He pointed out that many of these unequal treaties have, in effect, already been destroyed by the Japanese, especially in the case of Manchuria. But as for the future attitude of a representative Government in China, he declared: … (Snow, 1938: 81)

我问毛泽东,苏维埃是否主张取消不平等条约。他指出有许多的不平等条约,实际上已为日本所破坏,特别在满洲。至于中国代议制政府将来的态度,他这样说:……(斯诺,1979:77)

⑥ With friendly powers, China will peacefully negotiate treaties of mutual advantage. With other powers China is prepared to maintain co-operation on a much broader scale... So far as Japan is concerned, China must by the act of war of liberation cancel all unequal treaties, confiscate all Japanese imperialist holdings, and annul Japan's special privileges, concessions, and influence in this country. Concerning our relations with other powers, we Communists do not advocate any measure that may place at disadvantage the world position of China in her struggle against Japanese imperialism. (Snow, 1938: 81 – 82)

对于友邦,中国愿意和平谈判互利的条约。对于其他的国家,中国准备在更广泛的范围上同他们保持合作。……至于日本,中国必须以解放战争的行动,来废除一切不平等条约,没收日本帝国主义所有的财产,取消日本在我国的特权、租界和势力。关于我们对于其他国家的关系,我们共产党人并不主张采取可能使中国在抗日斗争中在国际上处于不利地位的措施。(斯诺,1979:77)

⑦ Finally I asked, "Is it possible for China to make anti-imperialist alliances with democratic capitalist powers?"

"Anti-imperialist, anti-Fascist alliances," replied Mao, "are in the nature of peace alliances, and for mutual defence against war-making nations. A Chinese anti-Fascist pact with capitalist democracies is perfectly possible and desirable. It is to the interest of such countries to join the anti-Fascist front in self-defence...."

"If China should become completely colonized it would mean the beginning of a long series of terrible and senseless wars. A choice must be made. For itself, the Chinese people will take the road of struggle against its oppressors, and we hope also that the statesmen and people of foreign nations will march with us on this road, and not follow the dark paths laid down by the bloody history of imperialism..."

"To oppose Japan successfully, China must also seek assistance from other powers. *This does not mean, however, that China is incapable of fighting Japan without foreign help*! The Chinese Communist Party, the Soviet Government, the Red Army, and the Chinese people, are ready to unite with any power to shorten the duration of this war. But if none join us we are determined to carry on alone!"

But how absurd! Do the Reds really imagine that China can defeat Japan's mighty war-machine? I believe they do. What is the peculiar shape of logic on which they base their assumption of triumph? It was one of dozens of questions I put to Mao Tse-tung. And his answer, which follows, is a stimulating and perhaps a prophetic thing indeed, even though the orthodox military mind may find it technically fallacious. (Snow, 1938: 82–83)

最后我问:"中国是否可能与民主的资本主义国家结成反帝的联盟呢?"

毛泽东回答道："反帝、反法西斯的联盟，性质上就是共同防御好战国家的和平联盟。中国与资本主义民主国家缔结反法西斯条约，是完全可能而且需要的。这种国家为了自卫加入反法西斯阵线，是对它们自己有利的。……

"假使中国完全沦为殖民地，那末这就是一系列长期的、可怕的、毫无意义的战争的开始。因此必须作出抉择。从中国人民自己来说，我们将采取对压迫者进行抵抗的道路，我们希望外国的政治家和人民也能同我们一起走这一条路，而不要走上帝国主义的血腥历史所决定的黑暗的道路……

"要抗日成功，中国也必须得到其他国家的援助。**但这不是说，没有外国的援助，中国就不能抗日！**中国共产党、苏维埃政府、红军和中国的人民，准备同任何国家联合起来，以缩短这次战争的时期。但是如果没有一个国家加入我们，我们也决心要单独进行下去！"

但是这是多么荒谬可笑！共产党是真的认为中国可以打败日本这样强大的战争机器？我相信他们是这样想的。那末，他们认定能获得胜利所根据的，究竟是什么样的逻辑呢？这就是我向毛泽东提出的十几个问题中的一个问题。下面他的回答是有启发性的，而且也许确是有预见性的，即使正统的军事思想家可能认为它在技术上是有谬误的。（斯诺，1979：77-78）

4.2.2 政治价值观的博弈策略

译者的政治价值观体现在译者对原文进行的增补、改动以及删节，是译者秉承的政治价值观所采用的博弈策略。

4.2.2.1 对原文的增补

译者增补了个别内容,这些文字无论是在 1937 和 1938 年的英文原版,还是同年出版的启明版译本都没有。

(1)斯诺在到达西安后见到了陕西省主席邵力子,对他有一番评价。本书中有一句话——"他是中国最可爱的人士之一。"(斯诺,1949a:10)

(2)在本书的第 48 页,第 2 章结束、第 3 章开始之前的地方,译者编排了一首毛主席的诗"井冈山",并且诗歌前后都附有说明文字。

(3)本书的第 59 页处:"华中已获有政权,统一全国已不成问题"一句也系译者个人的增补,原文无此表述。译者翻译出版此书时,已是 1949 年,此时的政治局势已经明朗,中共统一全国马上就是既成事实,但斯诺写作此版的时间是 1938 年,当时他没有断言"(共产党)统一全国已不成问题"。

4.2.2.2 对原文的改动

译者把原文中下面这一大段的对毛泽东生活细节的描述改译成了仅仅两句话:"也许有人会说他粗野。他是粗鲁的。因为他不修边幅,其实毛氏的好处就在这些上面,他不求外表的美丽,而求事实上的合理。"(斯诺,1949a:55 - 56)读者一读原文,便可知译者的考虑——斯诺的记述未免有损群众眼中毛泽东这一中共领导人的形象。

> The Chinese disciples of Pareto might think him uncouth. I remember, when talking with Mao one day, seeing him absent-mindedly turn down the belt of his trousers and search for some guests—but then it is just possible that Pare-

to might do a little searching himself if he lived in similar circumstances. But I am sure that Pareto would never take off his trousers in the presence of the president of the Red Academy—as Mao did once when I was interviewing Lin Piao. It was extremely hot inside the little room. Mao lay down on the bed, pulled off his pants, and for twenty minutes carefully studied a military map on the wall—interrupted occasionally by Lin Piao, who asked for confirmation of dates and names, which Mao invariable knew. His nonchalant habits fitted with his complete indifference to personal appearance. (Snow, 1938: 73)

而这一段话在之前的复社版、同时的启明版、之后的三联版都是直译的。

巴莱托的中国门徒们也许要嫌他粗鲁的吧。我记得有一天我和毛泽东谈话的时候,看见他心不在焉地松下了裤带,搜寻着什么寄生物——不过话得说回来,巴莱托要是生活在同样的环境中可能也非搜寻一下不可。但我可以断定,巴莱托决不会当着红军大学校长的面前松下裤子的——我有一次访问林彪的时候,毛泽东却这样做过。小小的窑洞里非常热。毛泽东把身子向床上一躺,脱下了裤子,向着壁上的军用地图,仔细地研究了二十分钟——偶然只有林彪插口问他一些日期和人名,而毛泽东都是一概知道的。(斯诺,1979:69)

4.2.2.3 对原文的删节
笔者将这个译本与原文进行对比,发现多处删节。究其原因，更多的是受作者政治价值观的影响。删节之处列举如下：
(1)

> Renunciation of the key-philosophy of ancient China, the philosophy of umbrella-truces and face-saving; matchless capacity for punishment and hardship; selfless adherence to an ideology, and a tenacity that did not know when it was beaten—all these seemed implicit in this story of the Red Army and of one man who helped make it. Chou must be a fanatic, I told myself, and I looked for the fatal gleam of retina. But if it was there I failed to discern it. He talked on slowly, quietly, thoughtfully. (Snow, 1938: 48)

> 背弃古代中国的基本哲学，中庸和面子哲学；无可比拟的吃苦耐劳的能力；无私地忠于一种思想和从不承认失败的不屈不挠精神——这一切似乎都包含在这个红军的故事和参加创建红军的一个人的故事中。我暗自想，周恩来一定是个狂热分子，因此我想寻找这必有的神色。但是如果说有这种神色的话，我却没有发觉出来。他谈吐缓慢安详，深思熟虑。(斯诺，1979: 47)

这一段的省略是因为译者认为"对于一二个红军领袖的传记，略有错误，有改正的必要。译者为郑重起见，略有增删，以符事实。"（史诺，1949："译者小引"）

(2) 原文有一段话描写一个轻松滑稽的画面——羊群啃球网。

> Comic relief was provided at this moment by the mean-

dering goats. They were discovered nonchalantly consuming the tennis net, which some one had forgotten to take down. A wave of laughter swept the audience while some cadets gave chase to the culprits and salvaged this important property of the recreation department. (Snow, 1938: 102)

在对应的第74页,这一段整体没有被翻译。这里的原因也不难猜测,因为上文描写的是看戏群众高喊抗日口号的场面,译者或许认为这一小插曲是不合时宜的,在国难当头的时候,开玩笑也变得不妥。
(3)

"Products of your confiscation department, you mean," I amended. I think it must have been stolen fruit at that, for it had all the charms of the illicit. (Snow, 1938: 247)
"你是说,你们征用没收部的产品,"我纠正说。我想这一定是来路不正的,因为它有违禁品的一切魅力。(斯诺,1979: 224)

这句话的背景是斯诺到达苏区的工业中心吴起镇后,居然受到了咖啡和白糖的款待,当给养委员说那是"我们五年计划的产品"时,斯诺做出了上述回答。这在译者看来,这也有损红军的形象,所以予以不译。

(4) 第10章第2小节"红小鬼"中斯诺穿插了一个富有生活气息、风趣幽默的小片段,其对话和场景富有戏剧性,让人忍俊不禁。他写了李克农的一个小通讯员:季邦。而译者也许觉得这些有伤大雅,有损领袖的形象,政治上欠严肃,因此没有译出这一段极有特色的文字。

Beside him Mao Tse-tung looked a tramp.

But this wa-wa's name happened by some thoughtlessness of his parents to be Shang Chi-pang. There is nothing wrong with that, except that Chi-pang sounds very much like *chi-pa*, and so, to his unending mortification, he was often called *chi-pa*, which simply means "penis." One day Chi-pang came into my little room in the Foreign Office with his usual quota of dignity, clicked his heels together, gave me the most Prussian-like salute I had seen in the Red districts, and addressed me as "Comrade Snow." He then proceeded to unburden his small heart of certain apprehensions. What he wanted to do was to make it perfectly clear to me that his name was not Chi-pa, but Chi-pang, and that between these two there was all the difference in the world. He had his name carefully scrawled down on a scrap of paper, and this he deposited before me.

Astonished, I responded in all seriousness that I had never called him anything but Chi-pang, and had no thought of doing otherwise. I half expected him to offer me the choice of swords or pistols.

But he thanked me, made a grave bow, and once more gave that preposterous salute. "I wanted to be sure," he said, "that when you write about me for the foreign papers you won't make a mistake in my name. It would give a bad impression to the foreign comrades if they thought a Red soldier was named Chi-pa!" Until then I had had no notion of introducing Chi-pang into this strange book, but with that remark I had no choice in the matter, and he walked into it right beside the Generalissimo, the dignity of history notwithstanding. (Snow, 1938: 336)

毛泽东在他旁边也显得像一个江湖流浪汉。

由于他父母缺少考虑,这个娃娃的名字恰巧叫做向季邦。这个名字本来没有什么不对,只是"季邦"听起来十分像"鸡巴",因此别人就老是叫他"鸡巴",这给他带来无尽的耻辱。有一天,季邦到外交部我的小房间来,带着他一贯的庄重神色,咔嚓一声立正,向我行了一个我在红区所看到的最普鲁士式的敬礼,称我为"斯诺同志"。接着,他吐露了他小小心灵里的一些不安来。他是要向我说清楚,他的名字不是"鸡巴"而是"季邦",两者是完全不同的。他在一张纸上细心地写下他的名字,把它放在我面前。

我惊奇之下极其严肃地回答他,说我只叫他"季邦",从来没有叫过他别的名字,而且也不想叫他别的名字。我以为他要我选择军刀还是手枪来进行决斗呢。

但是他谢了我,庄重地鞠了一个躬,又向我行了那个十分可笑的敬礼。"我希望得到保证,"他说,"你替外国报纸写到我时,可不能写错我的名字。要是外国同志以为有一个红军士兵名叫'鸡巴',那是会给他们留下一个坏印象的!"在那个时候以前,我根本没有想把季邦写进这部不平常的书里来的,但经他这样一说,我在这件事情上就别无选择,他就走了进来,同蒋总司令并排站立在一起了,尽管有失历史的尊严。(斯诺,1979:302-3)

(5) 第11章第2节"保安的生活"中斯诺记述了在保安与红军将领及其夫人打扑克牌的娱乐活动,语气诙谐幽默，这两段文字都没有翻译出来，译者应该是出于保守的政治价值观考虑。

A more corrupting influence I had on the community was my gambling club. I had a pack of cards, unused since my arrival, and one day I got these out and taught Commissar Tsai to play rummy. Tsai had lost an arm in battle, but it handicapped him very little either at tennis or cards. After he had learned rummy he easily beat me with one hand. For a while rummy was the rage. Even the women began sneaking up to Waichiaopu gambling club. My mud *k'ang* became the rendezvous of Pao An's *elite*, and you could look around at the candle-lit faces there at night and recognize Mrs. Chou En-lai, Mrs. Po Ku, Mrs. Kai Feng, Mrs. Teng Fa, and even Mrs. Mao. It set tongues wagging.

But the real menace to Soviet morals didn't appear till Pao An took up poker. Our tennis quartet started this, alternating nights at Li Teh's hut and my own den of iniquity in the Foreign Office. Into this sinful mire we dragged such respectable citizens as Po Ku, Li Ko-nung, Kai Feng, Lo Fu, and others. Stakes rose higher and higher. One-armed Tsai finally cleaned up $120,000 from Chairman Po Ku in a single evening, and it looked as if Po Ku's only way out was embezzlement of the State funds. We settled the matter by ruling that Po Ku would be allowed to draw $120,000 on the treasury to pay Tsai, provided Tsai would use the money to buy aeroplanes for the non-existent Soviet air force. It was all in matches, anyway—and, unfortunately, so were the aeroplanes Tsai bought. (Snow, 1938: 366)

我对当地的人的一个更加腐化的影响是我的赌博俱乐部。我带了一副扑克牌,到了以后没有用过,有一天我拿出来教蔡树藩打"勒美"。蔡树藩在战斗中失掉一臂,但不论打球或打牌对他都没有什么妨碍。他学会打"勒美"后,很容易地就用一只手打败了我。有一阵子,打"勒美"非常流行。甚至妇女们也悄悄地到外交部赌博俱乐部来。我的土炕成了保安上层人物的聚会场所,晚上你环顾四周烛光下的脸孔,就可以看到周恩来夫人、博古夫人、凯丰夫人、邓发夫人,甚至毛夫人。这就引起了旁人说闲话。

但是,对苏区道德的真正威胁是在保安学会了打扑克以后才出现的。我们打网球的四个人先开始,每天晚上轮流在李德家和我在外交部的罪恶渊薮打。我们把博古、李克农、凯丰、洛甫那样的体面人士都拖进了这个罪恶的泥淖。赌注越来越大。最后独臂将军蔡树藩一个晚上就从博古主席那里赢去了十二万元,看来博古的唯一出路是盗用公款了。这个问题我们用仲裁的办法来解决,规定博古可以从国库中提出十二万元钱来交给蔡树藩,但是蔡树藩必须把钱用来为还不存在的苏维埃空军购买飞机。反正筹码都是火柴梗,而且,遗憾的是,蔡树藩买的飞机也是火柴梗。(斯诺,1979:330-1)

(6)在同一小节,斯诺提到徐海东"he had fallen in love"(Snow,1938:367),保守的译者把"他恋爱了"这句话也省略了。

(7)还是在同一小节,斯诺提到了红军的合作社的情况,有几句话没有译出:

It was only that the food co-operative (where our meals were cooked in common) didn't know how it should be done. Mrs. Lo Ping-hui, wife of a Red Army commander (and the only lily-footed woman who made the Long March), was chief of the co-operative, and I think Li Teh's wife had a pull with her, and that is how he garnered his eggs and sugar. (Snow, 1938: 368)

只是粮食合作社（我们的伙食是包在那里的）不知道怎么做。红军指挥员罗炳辉的夫人（长征中的一位唯一小脚女人）是合作社的大师傅，我想李德的妻子同她有交情，他的鸡蛋和白糖大概是这样搞到的。（斯诺，1979：333）

(8)

Incidentally, my presence meant very much to them in one sense. They could point to me, and the interest that had brought me to the Soviet districts, as concrete evidences of the "internationalism" of their movement. (Snow, 1938: 373)

附带说一句，在某种意义上，我的出现对他们很有重要意义。因为他们可以把我，而且也把我到苏区来的好奇心，当作他们的运动具有"国际主义性质"的具体证据。（斯诺，1979：338）

译者或许认为斯诺略带幽默的调侃在政治上不妥当，所以予以省略。

(9) 第11章第3节"苏俄的影响"的最后部分有两段

话是斯诺评述共产国际对中共的影响,翻译时被省略。

> And finally, of course, the political ideology, tactical line, and theoretical leadership of the Chinese Communists have been under the close guidance, if not positive direction, of the Communist International.
>
> Great benefits have undoubtedly accrued to the Chinese Reds from sharing the collective experience of the Russian Revolution, and from the leadership of the Comintern. But it is also true that the Comintern may be held responsible for serious reverses suffered by the Chinese Communists in the anguish of their growth. (Snow, 1938: 374)

> 最后,当然,中国共产党的政治思想、策略路线、理论领导都是在共产国际的密切指导之下,如果说不是积极指挥之下。
>
> 由于分享俄国革命的集体经验,由于共产国际的领导,中共无疑地得到了很大好处。但同样确实的是,中国共产党人在其生长发育的痛苦过程中遭到严重的挫折,也可以归因于共产国际。(斯诺,1979: 339)

(10)

> Trotsky was exiled—and, if we are to believe the evidence of the Moscow trials, went into the railway-wrecking business. (Snow, 1938: 378)

> 托洛茨基遭到了流放——而且,如果我们竟然相信莫斯科审判时提出的证据的话,干起破坏铁路的事来。

(斯诺,1979:343)

这里,斯诺怀疑斯大林的做法,在译者看来,这一政治观点欠妥当,所以省译。

(11) 同启明版的考虑一样,第 11 章的第 5 节"那个外国智囊"被省略。

(12)

> he very largely relied upon them for political advice throughout the incident(Snow, 1938:378)

这里斯诺认为张学良在西安事变中主要依靠共产党代表为他在政治上出主意,译者或许认为这夸大了中共在西安事变中的影响,所以省译。

可见,上海急流出版社的《西行漫记》对斯诺的原文进行了大幅的删节,以符合译者的政治价值观。翻译伦理价值观要求的忠实翻译,与政治价值观决定的不忠实翻译的博弈,在这一版本中得到了较好的体现。

第 5 章 后"文革"时期的翻译——两种时代价值观的博弈

后"文革"时期的1979年出现了《红星照耀中国》的两个新译本：三联书店的全译本《西行漫记》和人民出版社的节译本《毛泽东一九三六年同斯诺的谈话》。这两个译本可谓是《红星照耀中国》汉译历史上具有里程碑意义的版本。"文革"结束后，政治意识形态对文艺话语的影响和控制并没有消退。"文革"的价值观影响依然存在，导致三联书店出版社编辑顾虑重重，不得不对译本进行多处改动。但同时，与此价值观展开博弈的是一种尊重历史的史学价值观。史学价值观的博弈策略体现在三个方面。其一，三联能有这一出版计划，是由于它的上一级机构——中央出版局的领导的英明决策，他们决定在书禁初开的年代出版"文革"禁书，秉承的是还原历史的史学价值观。其二，负责出版的三联书店同时也认同这一史学价值观，这一点从他们采用的原著版本可以看出。其三，具体承担翻译工作的翻译家董乐山同样秉持追求历史真相的史学价值观。因此可以说，1979年版本的《西行漫记》体现了这一时期同时存在的两种价值观的博弈，最终的译本面貌实现了一种均衡，亦即任何博弈的双方都无意再单独改变策略,这一版本已经成为具有里程碑意义的版本。

人民出版社出版的《毛泽东一九三六年同斯诺的谈话》由当年毛泽东与斯诺谈话时担任口译工作的吴黎平同志主持翻译整理,本书同样体现了这一时期存在的史学价值观与"文革"价值观的博弈。史学价值观体现在编者始终尊重事实,力求准确,从而使得这一版本成为具有文献性意义的版本。"文革"价值观的影响体现在编者在"前言"中表明的态度。

5.1 "文革"价值观的博弈策略与行动

"文革"价值观的博弈策略与行动表现在两个方面。一是斯诺的这一经典著作及其各个译本,在新中国成立后都成了"禁书",难觅踪迹。二是1979年三联书店《西行漫记》全新译本的编者和译者均受到"文革"价值观的影响。

5.1.1 "禁书"——复社版《西行漫记》

斯诺的报告文学作品《红星照耀中国》1937年在英国面世,引起世界轰动,经过他本人和胡愈之等一批爱国人士的努力,1938年在当时的"孤岛"上海秘密翻译出版,是最早的中文全译本,此后该书不断地再版和重印,教育了千百万读者和一代又一代的青年,成为享有盛誉、家喻户晓的作品。新中国成立前夕,它以《长征25000里》《西行漫记》(副题《二万五千里长征》)等书名在上海再次翻译出版,为共产党建立新中国做了舆论上的准备。1949年后,中国政治形势发生变化,斯诺的书在中国不再发行。《西行漫记》只是在1960年2月由三联书店根据复社版印了一小部分,作为内部读物,限于内部发行且印数有限,这还是因为新中国成立后斯诺第一次访华而特批的。

"文化大革命"期间,北京的红卫兵们把书中毛泽东的自传部分摘出来,油印成小册子,广为流传。但是《西行漫记》以及其他形形色色的中文译本被造反派理所当然地视为右倾的东西,属于毒草,被加盖严控之类印记,密封于图书馆和资料室书库中,禁止借阅。书中出现的那些人物名字,有的罩上了光环,有的已被打入地狱"永世不得翻身"。原因是斯诺的有些描写显然违背了当时的精神。如彭德怀早已作为"反党集团的人员"受批判,贺龙、刘志丹也曾被当作"土匪头子"受到非难。而这些人在《西行漫记》中都是作为正面人物描写的。而且,这本书还是外国人写的,崇洋媚外的思想同样受批判。因此,在"文革"期间人们拥有、阅读《西行漫记》都是政治上犯大错误的行为,一经发现,"顽固走资派"的帽子和加重批斗的遭遇随之而来。

5.1.2 被编辑的三联版《西行漫记》

三联版《西行漫记》的责编是出版家沈昌文先生,他在《怀念董乐山兄》一文中曾提到:"对老董的译文,我不敢妄改一字,可说是到了虔敬的程度;可是,对原书的内容,却往往妄施刀斧,不时要做删节。我知道,删去的,常常是老董欣赏的原作佳妙之处乃至神来之笔。他大多非常委屈地同意我的要求。记得《西行》有一处斯诺记述我们的领导人说的一个略带'荤味'的笑话,在20世纪70年代末(十一届三中全会前),觉得那是对领导的大不敬,非得删去不可。我说了,他只得无可奈何地朝我点点头。"(沈昌文,2011:

172–175）虽然沈先生说自己是改动原文，但实际上他删节的还是董乐山先生的译文。将原文与董乐山译本、复社译本进行全文比对，我们发现了董译本有几处明显的省译，而这些在复社版中都没有被省略。具体情况如下：

（1）原文第60页：

Among other young patriots jailed with him, was a radical girl student of a Tientsin Normal College—the woman who is now his wife and comrade.

这句话三联版没有译出，而复社版是翻译了的——

　　和他同时被捕入狱的爱国青年很多，其中有一个是天津女子师范的学生，思想激进，她现在是周的妻子和同志。

（2）原文第62页：

Chou En-lai himself was captured by Chiang Kai-shek's 2nd Division, and General Pai Ch'ung-hsi (now ruler of Kuangsi) issued an order for his execution. But the brother of the division commander had been Chou's student at Whampoa, and he helped Chou to escape.

这一段三联版省略，复社版直译——

　　周恩来自己也给蒋介石的第二师捉获，由白崇禧下令枪决。不料第二师师长的兄弟是黄埔军校的学生，他

第5章 后"文革"时期的翻译——两种时代价值观的博弈

设法使周脱离险境。

这两处都是关于周恩来的生平，无涉政治上敏感的话题，董译本按理说是可以直译的，但是这里被省略，极有可能是因为斯诺的记述不准确，与事实不符。关于第一处的记述，真实情况是，周恩来虽然与邓颖超是相识于1919年领导天津学生五四爱国运动期间，但邓并没有与周同时入狱，与周同时被捕是另一女性。据查，"1920年初，抵制日货活动中，周恩来做总指挥，和郭隆真、张若名、于方舟带领数千名民众到直隶省公署请愿。4人当场被捕，张若名与周恩来一同坐牢。7月17日，全体代表获释出狱。当年在组织学运和牢狱斗争中，周恩来和张若名惺惺相惜，英雄相敬，结下了深深的情谊。"（余玮，2014）关于第二处的内容，同样有误。助周恩来在四一二反革命政变中脱离险境的并不是第二师师长的兄弟。当时周恩来毅然决定前往二师师部，劝说斯烈继续革命，不要参加国民党右派的活动，是因为考虑到二师师长斯烈的弟弟、共产党员斯理是黄埔军校毕业生，二人有师生之谊。但到达师部后，周被扣押。罗亦农随即派人前去营救，周才得以解围。（曹敏，2012）

（3）在"论抗日战争"的一章中，原文第102页记述毛泽东的话，"we do not, however, include Korea"，三联版没有译出"a formerly Chinese colony"（中国以前的殖民地）。复社版照译。

对于这一省译，合理的解释是从两国关系发展来看，1949年10月6日中朝建交，朝鲜成为同新中国最早建交的国家之一。1950年6月，朝鲜战争爆发。在美军越过三八线北进，战火烧至鸭绿江边境，中国人民面临战争威胁后，应朝方要求，中国派出志愿军入朝参战。停战后，中国积极援助了朝战后经济恢复建设。1953年11月,双方签订经济文化合作协定。1961年7月11日,两国签署《中朝友好合作互助条约》。(见网络文献11)因此在三联版面世的1979年,中朝关系是睦邻友好的,编者认为重提中国与朝鲜过去的宗藩关系已经不合适,所以选择了省略不译。

(4)还是"论抗日战争"的一章,原文的第102页斯诺就"内蒙古"给出了一个注释:In answer to a later question, in another interview, Mao Tse-tung made the following statement concerning Outer Mongolia: "The relationship between Outer Mongolia and the Soviet Union, now and in the past, has always been based on the principle of complete equality. When the people's revolution has been victorious in China the Outer Mongolia republic will automatically become a part of the Chinese federation, at their own will. The Mohammedan and Tibetan peoples, likewise, will form autonomous republics attached to the China federation."

复社版照译为:"在另一次访问中,我问起外蒙的问题,毛泽东发表意见如下:'外蒙和苏联的关系,无论过去和现在,都是以完全平等的原则为基础的。当人民革命在中国胜利的时候,外蒙将由他们自决,成为中国联邦的自治区。回民和藏民,也同样组成中国联邦中的自治共和国。'"而这一注释的内容在董译本中是完全省略的。

这一注释牵涉到中国、苏联、外蒙错综复杂的历史、外交关系,以及汉族与回族、藏族长期的民族关系问题,在三联书店重出《西行漫记》的1979年,这是一个外交政治敏感话题,所以编者选择了省略不译。

(5)斯诺在第153页对"杨开慧"做了一个注释,介绍她与毛泽东的关系,这一内容的大部分董译本是保留了的，但省略了一句话"It seems to have begun as a trial marriage."——"这好像是由一种试婚制开始的"，这一细节之处在复社版的第124页也是保留了的。

究其原因，似乎显而易见。斯诺对毛泽东与杨开慧关系的评述——说他们的婚姻开始是以试婚制（未正式结婚前试行同居的婚姻形式）开始的，等于说刚刚于1976年逝世的伟大领袖毛主席是未婚同居，这在当时无疑是不能被译出的。

（6）原文的第166页，提到井冈山时期王佐和袁文才两个人物的结局：Later on, when they were left alone at Chingkanshan, they returned to their bandit habits. Subsequently they were killed by the peasants, by then organized and Sovietized and able to defend themselves.

这几句董乐山先生的译本中没有，复社版本照译为："可是后来，当他们单独在井冈山的时候，他们回复了土匪生活的习惯，结果他们为那时已经组织起来的苏维埃化了的农民们杀戮了。"

关于王佐和袁文才这两个历史人物的结局，是历史上的冤案，因涉及中共党史，在当时也是敏感话题，所以编者认为以省译为佳。

（7）原文的第322页斯诺在介绍回民的情况时，提到：To most of them Turkey, not China, seems to be still the fatherland, and pan-Islamism rather than Pan-Hanism the ideal.

三联版省略，复社版基本译出——"大多数回民，以土耳其为他们的祖宗之地，泛回教主义，是他们的理想。"

斯诺的这一记述说明回民对汉族、中国没有认同感、归属感，因此编者担心，直译不利于新中国成立后的民族团结，所以省略。

(8) 原文的第 326 页,斯诺记载了共产党对回民的诺言,其中的最后一条是: To help unite the Mohammedans of China, Outer Mongolia, Sinkiang, and Soviet Russia. 如果直译,应为"协助联合中国、外蒙、新疆、苏联的回民"。

原文将新疆作为一个独立的地理区域,与中国、外蒙、苏联三个国家并列,显然不符合七十年代的中国国情——根据《中华人民共和国宪法》和《中华人民共和国民族区域自治法》,我国 1955 年 10 月 1 日成立了新疆维吾尔自治区。因此,三联版没有译出这一句原文。而复社版的译法——"联合全中国(包括外蒙及新疆)和苏联的回教徒"则是基于当时的事实的:1924 年 5 月 31 日,当时的中国中央政府(北洋政府)和苏联签订《中苏协定》,承认外蒙古是中国领土,中国在外蒙古有完全的永久的主权。

(9) 原文的第 418 页,斯诺记述西安事变中"在南京和上海,蒋介石的妻舅、中央银行董事长宋子文,他的连襟、代理行政院长孔祥熙,蒋介石夫人,**甚至是他的妻姐,孙中山夫人(她对蒋的痛恨是人尽皆知的)**,把他的亲信召集在一起"。三联版没有翻译"and even Chiang's sister-in-law, Mme Sun Yat-sen (whose bitter hatred for Chiang was well known)",亦即上文中的黑体部分。

斯诺记述孙中山夫人参加了蒋介石集团在西安事变中对蒋的营救活动,不管这一事件的真实性如何,这对于大多数中国人民都是难以接受的,国人心目中的宋庆龄是亲共反蒋的。

总体而言,从复社版出现的 20 世纪 30 年代到三联版出现的 20 世纪 70 年代末期,中国社会改朝换代,政治意识形态已经截然不同,因此在 20 世纪 30 年代看来是可以依照原文直译的内容,到了刚刚经历"文革"的新中国变得极为政

第5章 后"文革"时期的翻译——两种时代价值观的博弈

治敏感,因此只能省略不译。新中国成立之后,彭德怀、刘志丹、贺龙等老一辈无产阶级革命家先后蒙冤,对于他们生平业绩的颂扬当然也成为忌讳。由于在"左"的路线干扰下对领袖人物的神化倾向日趋严重,像毛泽东的家庭出身和婚姻状况这类有助于展现人物真实面貌的内容,也变得讳莫如深。《西行漫记》这部书在打倒"四人帮"之前没有受到应有的重视和宣传,正是受其真实的内容所累。

5.2 翻译赞助人的史学价值观博弈策略与行动

1979年全新的三联版《西行漫记》得以面世,首先是这一译事的赞助人意志的体现,是当时的中央出版局的领导和它的下属单位三联书店的负责人直接促成了这一译本的出现。

5.2.1 博弈的一方:中央出版局和三联书店

1978年"文革"已经结束,"改革开放"的新时期开始,但新时期之初,出版界的顾虑和禁忌还是颇多,出书极少。旧有政治意识形态及"文革"时极左意识形态的影响仍然存在。20世纪80年代起,主流意识形态的操控变弱,本时期的赞助人——主要是出版社——在文学翻译和出版中的作用越来越突出。该时期外国文学翻译回到了它的本质功能上,即成为满足人民审美需要的手段和加强中外文化交流的媒介。1976年"四人帮"垮台,书禁初开。正如胡愈之在《西行漫记》重译本序言中所说:"今天,在又一次伟大的历史性转变的日子里,为了解放思想,开动机器,大踏步向社会主义现代化建设迈进,重读四十三年这样一本书是值得

的。"(胡愈之，1979b)

据这一全新版本的译者翻译家董乐山先生介绍："当时出版局代局长陈翰伯决定要出《西行漫记》，委托沈昌文来找我。"（董乐山，2001：305-309）在另一篇文章中，董乐山的记述是："1976年出版界禁忌仍多，但也有高瞻远瞩的人，人民出版社的范用同志就是一个。他想出的第一本书就是斯诺的《西行漫记》。他来找我，要我把胡愈之同志等老前辈的的译本根据新版老版等各式版本的原文校核一遍，增补一些材料。"（董乐山，2001：270-271）董先生的回忆似乎前后矛盾不一致，但其实不然。他提到的陈翰伯、范用、沈昌文三位出版界名人，在20世纪70年代末确实共同组织了三联版《西行漫记》的翻译和出版，他们都是这一译事的赞助人。简要回顾这三人的经历便可知其关系。"文革"期间，老三联的知识分子纷纷在政治运动中被打倒。范用、原文化部出版局局长陈翰伯、商务印书馆原社长陈原，被扣上"陈范集团"的帽子，遣往湖北咸宁五七干校劳动。1972年，陈翰伯在周恩来总理整顿文化出版工作的安排下，调回北京，后担任人民出版社领导班子成员。1978年"四人帮"倒台后，陈翰伯担任了文化部新闻出版局代局长，范用担任了人民出版社副社长兼副总编辑，而三联书店则属于人民出版社的副牌。沈昌文同志1951年3月至1985年12月，在人民出版社任校对员、秘书、编辑、主任、副总编辑。他当时受命组译《西行漫记》。沈昌文先生回忆，"当时（1977—1978年）还在奉行'凡是……'，三联书店的负责人范用由我陪同去找这位'摘帽右派分子'约译，也可称是一件有胆魄的事"（沈昌文，2011：172-175）。

时任文化部新闻出版局代局长的陈翰伯，在百废待兴的"文革"结束后，为什么会想到首先出版斯诺的《红星照耀中国》呢？这与其生活经历密不可分。陈翰伯（1914—1988）是中共党员，新闻家、编辑出版家。青年时代就读于燕京大学新闻系，结识美国著名记者埃德加·斯诺，后参加一二·九运动。1937年，他陪同斯诺的夫人海伦·福斯特·斯诺赴延安，与斯诺夫妇结下友谊。自此投身于中国人民的解放事业，在党领导下在白区从事报纸新闻工作，宣传共产党的主张。解放后任商务印书馆总编辑兼总经理、人民出版社领导小组组长、文化部出版局局长、国家出版事业管理局代局长等职务。1976年出任文化部新闻出版局代局长，任职四年。在这四年中，中国的出版界走出了"文化大革命"的阴影，逐步走向开放和复兴。

5.2.2 原著版本的选用

今天的三联书店，自1986年恢复独立建制后，由于关于马列主义著作及各类政治书籍的出版分工主要在人民出版社，因此一直偏重于人文学术、思想社科类读物的出版，也因此奠定了它在这方面的全国学术出版重镇的地位。在长期的革命出版实践中，在追求真理的无所畏惧中，三联人形成了自己独特的精神传统与文化品格，那就是始终追求思想的新锐、一流，始终走在时代的前列，始终有极强的文化使命感与文化责任感。（樊希安，2011）因此，决定重新出版《西行漫记》以及选择译者与原著版本都体现了其一贯的宗旨。

研究者知道，斯诺本着严谨求实的精神和实际需要，曾对《红星照耀中国》一书不断进行修改、订正并增补充实一些新的内容，除1938年7月美国兰登书屋再版时增写了第13章外，以后较重要的修订还有1944年版、1968年版、1971年版等等。而我国过去流行的众多版本还没有一个真正是如实地按初版本译出的，即使享有盛名的第一个正式译本复社版，虽也依据 1937 年的英文初版，但翻译时，一是经斯诺做了修正，二是未译涉及共产国际的李德那一节，有许多内容和初版不尽相同。1979 年三联书店出版的译本增译了复社版《西行漫记》删掉的第 11 章中第 5 节的"那个外国智囊"，使全书还原为 12 章 57 小节，恢复了在英美风行一时的英文本初版的历史原貌。同时，对英文本中个别史实错误以及人名、地名、书刊名称的拼写错误也做了不少校正。

5.2.3 博弈的策略

出版社的编辑对译作的修改何以能体现其史学价值观呢？这里，笔者用"史学价值观"来指一种尽量尊重历史事件以及客观事实的态度与立场。比较《红星照耀中国》的英文原文和三联版的汉语译文，笔者发现了两处改动（之前笔者已分析的省译情况除外）。这两处原文和译文分别是：

（1）在原文的第 130 页，斯诺记述了毛泽东在采访中提及他读过一本叫做《盛世危言》的书，原文是"The authors, a number of old reformist scholars"，三联版的第 109 页中，对应的译文为"作者是一位老牌改良主义学者"。经查证，《盛世危言》是中国近代思想家郑观应的重要著作，原文的表述确实有误。

（2）原文第 305 页，斯诺记录南京散发给红军的传单"Kill Mao Tse-tung or Hsü Hai-tung and we will give you $100,000 when you join our army."——"凡击毙毛泽东或徐海东，投诚我军，当赏洋十万。"这里的"Mao Tse-tung"应该是"Peng Teh-huai"的笔误。因为在紧接着的下文，斯诺说到南京对徐海东的悬赏不下于彭德怀，而且在之前的第 80 页，斯诺提到南京悬赏二十五万要毛泽东的首级，而不是这里的"十万"。所以,我们现在看到的译文是"凡击毙彭德怀或徐海东,投诚我军,当赏洋十万。"

这两处改动,一处是属于史实性的记述错误,另一处为原作者的笔误。董先生遵照其译者职责,忠实地进行了翻译(董先生在一文中曾表明——"若是作者误记或写错,则除非征得作者同意,译者无权改动。"),所以译文的改动应该是编辑所为,其对原文进行勘误的做法,可以说是秉承一种尊重事实的价值观。

5.3 译者的史学价值观博弈策略

三联版《西行漫记》的译者是翻译家董乐山先生,其亲述的翻译立场、对原文注释的翻译以及添加的译注,均体现出其尊重事实、还原历史的价值观。

5.3.1 董乐山的翻译立场

上述赞助人选定的译者是董乐山先生。为什么董先生会被选中呢?这多半是因为在此之前,他们之间已经有过合作。出版人范用和他的得力助手沈昌文曾经亲自找到董乐山,请他翻译斯诺夫人洛伊斯·惠勒·斯诺记述刚刚逝世的斯诺与病魔斗争的一本小册子《尊严的死》(译本出版时改名为《我热爱中国》),这本书1978年由三联书店出版。当然,董乐山先生自身的业务水平也是无可挑剔的。他从1949年冬天起,在新华社《参考消息》从事新闻翻译工作,是我国新闻翻译的先行者。他以文学青年出道,在高中和大学时期发表过小说、诗歌和译作,写过大量剧评和影评,编辑过文学刊物,是文学翻译的爱好者,对历史著作的翻译尤其情有独钟。20世纪70年代董先生参与翻译和校订了《第三帝国的兴亡》这一全世界最畅销的反映纳粹德国历史的巨著，参与校订了一部场景宏大，又描写细腻的历史巨著《光荣与梦想——1932—1972年美国实录》的中译本。

据董乐山先生回忆，"一九七五年冬，三联书店总经理范用来约我重新翻译美国著名记者埃德加·斯诺的《红星照耀中国》一书，我欣然从命，因为，对于我来说，它的意义远远超过了翻译一本名著"（董乐山，1984）。在"孤岛"时期的上海，从1938年复社的译本《西行漫记》中，年轻的董乐山受到了政治上的启蒙教育，这本书成为他人生道路的第一个转折点，使他对社会主义心向往之。长期在敌伪的统治下，特别是日本的法西斯的管制方式，再加上他所接触到的关于德国法西斯的暴行和统治的书籍和报道，他对极权主义极为反感。当时还是中学生的他，和当时海内外不少青年一样，正是读到了这第一本正面客观地介绍中国共产党的抗日主张和活动的书而投奔革命的。复社版《西行漫记》译者之一的倪文宙还是他当时的中学老师，董乐山曾记得"他在课堂上撇开正课不讲，忍不住要评论抗战时局，这对我的政治启蒙起了很大作用"（董乐山，2001：274-276）。1979年董乐山重译的《西行漫记》，是斯诺这本为中国革命做出贡献的、有历史意义的书首次在中国进行公开发行。

董乐山曾历经"反右"和"文革"等磨难，认为"文化大革命"对中共历史的歪曲和对革命元老人物的污蔑之所以能够欺蒙无数的"革命小将"，正是过去缺乏有足够透明度的历史教育所造成的恶果。作为一个普通人，一个翻译家，他能做的就是在翻译的时候"把历史还它一个本来面目"（董乐山，2001：221-223），尽可能地依照原文直译。他在《〈西行漫记〉新译本译后缀语》一文中表明了其想法:"首先是此书所记述的事件或人物的历史评价问题。这个问题在开始翻译时就遇到了。当时有两种处理意见,一是在译文中根据现在的'定评',对原文做个别的修改;二是一切悉照原文,不加改动,只有在必要的地方添个译注附在页尾。我是坚持第二种办法的。理由是什么,我想现在已不言自明,不用多说了。可是在当时(要知道那还是在1976年)要坚持这一办法,还是费了一番唇舌的。幸而三联书店的几位领导都是开明之士,他们欣然同意了我的意见。……但是若是作者误记或写错,则除非征得作者同意,否则译者无权改动。读者若有不同意见,尽可以发表文章,详加考证,立此存照。因为毕竟斯诺是个记者,他在当时那么艰难的条件下进行采访,全凭口授笔录,没有档案可查,离开苏区后成书时也无法找人核实,因此记述不免有所失误,我们不能过于苛求。何况他写的终究是新闻报道,我们大可不必把它当作正式党史来读。"(董乐山,2001:274-276)

5.3.2 注释的翻译——细节处的忠实

三联版不仅在文字内容上尽量忠实,就连字体样式也与原文保持一致——用中文的黑体对应原文中的英文斜体。另一个充分忠实于原著的地方是其对注释的处理。原文有96个注释,1938年的复社版中只有60个,三联版保留了91个,省略了5个。细究这五个省略的注释,有三个涉及词语的表述问题,意义上无关紧要,进行省略不译完全无碍。另外一个被省略的注释,译者用译注的形式做了说明。只有一处注释的省略是耐人寻味的,留待下文分析。上述四个注释的情况分别是:

(1) 原文第64页的注释用"Comrade"注解正文中的"t'ung-chih",董先生直接在正文中译为"同志"。

（2）原文第 320 页的注释是解释汉字"马"的象形意义，因为译者在正文中省略了原文的"And this particular Ma of course means horse"这一句话，所以也省略了对这一句话的注释。

（3）原文第 322 页的注释是"Hsin-hsin chiao, literally, 'New-new faith'"，用以解释正文中的"Modern"，董先生把这一注释的内容译入了正文中。

（4）原文第 354 页的注释是注解正文"关于朱德"的部分。但是因为董乐山先生是按与原文不同的、斯诺另外改写过的内容来译的，所以这一注释在译文中自然没有出现的必要。

5.3.3 译注的添加

译者董乐山先生给了 30 个译注，其中有 26 个译注是为了对原文提到的人物、地点、曲名、游戏、民族做简要背景知识介绍，乃翻译的常见做法。另有 3 个（第 164、184、312 页）译注为修正原文的记述之误。关于这一做法，如上文所述，董先生曾经表明："首先是此书所记述的事件或人物的历史评价问题。这个问题在开始翻译时就遇到了。当时有两种处理意见，一是在译文中根据现在的'定评'，对原文作个别的修改；二是一切悉照原文，不加改动，只有在必要的地方添个译注附在页尾。我是坚持第二种办法的。"（同上）

另有一处译注突出体现了董先生严谨、尊重历史的价值观。在三联版的第 128 页有一个不起眼的译注："原文为 Chu Hsun-pei"。为何要添加此注呢？对于斯诺提到的其他一些人物，包括在此页前后提到的陈公博、谭平山、邵飘萍、张国焘、康白情、段锡朋等人，译者均没有提供注释。这表明，董先生对于把斯诺原文中的"Chu Hsun-pei"译为"朱谦之"（沿袭了复社版）是存疑的，但由于一时找不到确解，所以添加译注，希望读者自行判定"Chu Hsun-pei"的确切所指。后来据学者考证，"Chu Hsun-pei"确不是"朱谦之"，而是"区声白"。（邬国义，2007）。译者和编者高度负责、极度认真的价值观可见一斑。

5.4 博弈均衡的实现——具有里程碑意义的三联版《西行漫记》

一般意义上的均衡就是平衡的意思。在经济学中，均衡意味着相关变量处于稳定值，比如价格均衡、消费者均衡等。在博弈论里，博弈均衡是所有参与者的最优策略的组合。对任何一个参与者而言，他的策略选择通常会依赖于其他参与者的策略选择。一旦达到博弈均衡，所有参与者都不想改变自己的策略，这就形成一种相对静止的状态，实质上是由动态的竞争到相对静态的合作的一个变动过程。（南旭光，2012：20）如前所述，在三联版《西行漫记》的翻译过程中，"文革"价值观与史学价值观形成博弈，而这一版本最终获得广泛发行与认可，即这一博弈实现了均衡。虽然译者的译作遭到了改动与省略，但编辑的这些做法使得译本在史料准确性和文本可读性上有了改进，确保了译本的顺利出版。

董乐山先生翻译的三联版不仅是《西行漫记》在中国流传数十年来国内最忠实于原著的崭新全译本，从某种意义上说也是一部具有里程碑性质的新版本。该书正文前冠有胡愈之1979年8月所写的"中文重译本序"及斯诺1938年为复社版所写"序言"。扉页印有长征路线图,封底印有斯诺当年的照片,且配以斯诺好友、新西兰著名诗人路易·艾黎纪念作者的著名诗句。全书另收珍贵照片69幅。

这一全新译本又收入1984年新华出版社所出四卷本《斯诺文集》第二卷,扉页恢复英文原名《红星照耀中国》,而将《西行漫记》改为副题。对当初有些译错和不妥的地方,董乐山在新华出版社的《斯诺文集》版中逐一做了更正。笔者逐字对比了1979年三联版和1984年的新华版,发现以下24处更改(每一处的第一个页码编号为1979年版,第二个为1984年版)。

(1) P.7:难道不值得拿一个外国人的脑袋去冒一下险吗?
　　P.7:只拿一个外国人的脑袋去冒险,没有比这更值得的了。

(2) P.16:化四五个小时
　　P.16:花四五个小时

(3) P.18:他一天用"药"要化二百元钱
　　P.18:他一天用"药"要花二百元钱

(4) P.23:压捺不住自己
　　P.24:按捺不住自己

(5) P.24:不比张学良更怕
　　P.25:张学良不怕,我怕什么

(6) P.35:保甲的字面含义就是"保证盔甲",这个制度规定
　　P.36:保甲制度规定

(7) P.38:只见大路上面山坡上
　　P.39:只见大路前面山坡上

(8) P. 40：燉鸡
　　P. 41：炖鸡
(9) P. 42：周恩来的无线电台设在离开他的司令部不远。
　　P. 43：周恩来的无线电台设在离开他的司令部不远的地方。
(10) P. 44：中国的单纯的新文化运动开始有了比较严重的产物萌芽，
　　 P. 45：中国新文化运动开始萌芽，并逐渐发展起来。
(11) P. 47：成熟的小麦田、沉甸甸地垂着穗的玉米田，
　　 P. 48：成熟的小麦田、玉米田，
(12) P. 59：圣诞老人徐特立
　　 P. 60："圣诞"老人徐特立
(13) P. 62：决不会有一个人可以做中国的"救星"。
　　 P. 63：任何单独一个人都做不了中国的"救星"。
(14) P. 67：他化了三四夜的功夫
　　 P. 69：他花了三四夜的功夫
(15) P. 76：就化中国人民八万元钱
　　 P. 78：就花中国人民八万元钱
(16) P. 102：侪身于高高在上统治人民大众的
　　 P. 104：跻身于高高在上统治人民大众的
(17) P. 128：我登了山东的神嶽泰山
　　 P. 130：我登了山东的神岳泰山
(18) P. 222：胜家缝纫机

P. 230：胜家缝纫机
(19) P. 228：这些人化在唱歌的时间
P. 237：这些人花在唱歌的时间
(20) P. 230：吴亮平虽然是个脸色红润的二十六岁青年，已写了两本关于辩证法的书。
P. 239：吴亮平虽然是个脸色红润的二十六岁青年，可是已写了两本关于辩证法的书。
(21) P. 238：他吃的很少很简单
P. 247：他吃得很少很简单
(22) P. 269：几乎无不了若指掌
P. 280：几乎无不了如指掌
(23) P. 295：但是有三足营的马
P. 307：但是有三个营的马
(24) P. 373：所化的生命损失
P. 389：所花的生命损失

  这 24 处的修改中，1 处修改标点符号，3 处是改繁体字为简体字，12 处仅改动了一个字，剩下 8 处语言表述方面的改动，使得意义更为准确、清晰。

  三联版《西行漫记》取得了巨大的成功，初版即印 30 万册，极受欢迎，很快售罄，接连加印，两年左右即发行 165 万册（张小鼎，2006a），今已成为经典名篇，之后各家出版社再版都依据这一版本。如 1984 年新华出版社出版的《斯诺文集》第二卷《红星照耀中国》，2002 年解放军文艺出版社的《西行漫记》，2005 年外研社英汉对照版《西行漫记》，2005 年东方出版社的《西行漫记》，2012 年作家出版社的《红星照耀中国》。根据斯诺生前最后修订的、著名的"鹈鹕版"来翻译的河北人民出版社 1991 年新版《红星照耀中国》的译者李方准、梁民在其译本的"译者前言"中也指出,"董译本更是置诸案头,所助尤大"。

这一译本之所以能成为具有里程碑意义的版本,是因为其满足了"天时地利人和"的三大条件。版本面世的年代是1979年,时值具有重大历史意义的十一届三中全会召开之后、改革开放之初,中国开始了思想路线和政治路线的拨乱反正,三联译本是斯诺原著自1937年面世以后首次在中国的公开发行。它如实地记述了当时众多中共领导人的生平事迹,对于纠正"文化大革命"中对这些人的污蔑起到了巨大作用,所以赢得了广大读者的喜爱。"人和"这一因素同样关键。董乐山的译本由知名大社出版发行,在众多读者心中,三联书店是金字招牌,是书籍质量的保证。其次,三联出版社领导与编辑慧眼识珠,请来翻译家董乐山,并且对他高度信任。董先生曾说到"幸而三联书店的几位领导都是开明之士,他们欣然同意了我的意见"(董乐山,2001:274-276)。再次,翻译界、出版界的前辈胡愈之亲自作序,介绍斯诺的一生经历以及写作《西行漫记》的时代背景和历史背景,增加了该书的可读性。第四,董乐山在着手翻译之初,还得到过贵人相助。毛泽东、斯诺会谈时的口译、前辈吴黎平赠与了参考资料——"当初曾在延安为斯诺译毛泽东小传一章的前辈吴黎平很关心我的工作,将他的原译稿打印件交给我参考。"(董乐山,2001:270-271)最后,翻译家董乐山的名字也是译品上乘的保证。

5.5 《毛泽东一九三六年同斯诺的谈话》的博弈性质

三联版的《西行漫记》的内容有 12 章之多，300 多页的篇幅，而同在 1979 年出版的《毛泽东一九三六年同斯诺的谈话》的内容只有《西行漫记》的不到 1/3，130 多页。如题所示，只是毛泽东在 1936 年与斯诺谈话的内容。这一节译的《红星照耀中国》版本如何体现了"文革"价值观与史学价值观的博弈呢？

5.5.1 史学价值观的博弈

5.5.1.1 编者兼当事人

《毛泽东一九三六年同斯诺的谈话》的编者兼当事人是吴黎平同志。当年斯诺在宋庆龄和国统区的中共地下党组织的帮助下，于 1936 年 7 月间来到当时中共中央和中国工农红军总部所在地——陕北保安。毛泽东和周恩来对他的采访活动甚为重视。周恩来为他的采访起草了行程表，毛泽东在 7 月 16 日接见了他，同他进行了关于当时抗战形势的谈话。在 9 月 23 日，进行了关于党的统一战线政策问题的谈话。10 月间，又同他谈了关于自己的革命经历和长征的主要经过情况。毛泽东与斯诺 1936 年 10 月在陕北保安窑洞的夜间长谈，多达十几次，往往从晚上九点谈至翌日凌晨两点，时任中央宣传部副部长的红军干部吴亮平（又名吴黎平）是访谈的口译，他做了简要记录供口译之用。毛泽东按照斯诺所提的问题而谈，斯诺按吴黎平的口译做了笔记。关于毛泽东同志个人革命经历部分，斯诺按照毛的要求整理成文，由黄华同志译成中文，经毛泽东仔细审阅后做了少数修改，交黄华照改后退给斯诺。

人民出版社出版的《毛泽东一九三六年同斯诺的谈话》（副题为《关于自己的革命经历和红军长征等问题》）一书即由吴黎平同志主持整理。此时是"文革"结束后的1979年，编者已年过七十，他之所以主持这项工作是出于一种历史责任感——"这几篇谈话，由于我自己是当时的口译者，而现在又是当事人中的仅存者，我感到自己有巨大的责任加以整理。我建议人民出版社把《西行漫记》所收录的毛泽东同志谈话以及斯诺当时发表在英文刊物上的、毛泽东同志同他的其他三篇谈话，汇编成一本书出版。"（吴黎平，1979）吴还依据《红星照耀中国》和《密勒氏评论报》《美亚》杂志等有关书刊资料及自己的记忆，在可能范围内对译文做了必要的订正，增加了一些脚注，丰富了原书的背景材料。诚如他所说："《一个共产党员的来历》中有个别地方按我的记忆确实不符合毛泽东同志谈话的原来意思，不能不做必要的订正。斯诺当时是通过我的口译，才了解到毛泽东同志谈话的内容的，如果我作为当时的口译者对斯诺的个别记叙文字做些必要的修订，以便更准确地表达毛泽东同志的原意，那么我想，要是斯诺今天还在，是不会反对的吧！"（吴黎平，1979）

5.5.1.2 博弈支付：成为文献性版本

人民出版社的《毛泽东一九三六年同斯诺的谈话》与三联书店出版的董乐山译本同在1979年问世。它包括原书《红星照耀中国》的第四、五两章，即毛泽东自述生平——"一个共产党员的经历"和"长征"——这是构成《红星照耀中国》的骨骼与灵魂；此外还收有《论反对日本帝国主义》《论统一战线》《中国共产党和世界事务》三篇重要谈话。

  1936年10月间,斯诺从前线部队回来,请求毛泽东谈自己的革命经历。毛泽东谈了自己的成长过程以及红军的长征过程。他没有任何的矫饰,辩证唯物主义地阐述了自己如何从帝国主义和封建主义统治下的中国黑暗旧社会中斗争过来,如何从一个早期不可避免地受到旧社会的旧思想的某些影响的少年成长起来的进程。通过斯诺对长征的记述,我们看到了长征路上的惊心动魄的斗争,也能进一步了解毛泽东同志在缔造我们国家的革命历史上的伟大功勋和毛泽东同志的思想、路线的英明正确,更有力地推动我们对毛泽东思想的学习。(吴黎平,1979:4)

  编者对斯诺所加的脚注和正文中所作的说明,进行了针对性的删除。本书的脚注,除了注明是斯诺所做的以外,其余是吴黎平和共同做整理工作的同志们加上的。他们在整理过程中,努力争取做到事实准确,文字清楚,曾在1978年7—8月,印了几百份征求意见本,分送中央领导同志、各方面负责同志求教。收到了好多同志的回示,有好几位同志帮助进行了仔细的事实查证、认真的文字校订。呈现在读者面前的这本仅136页篇幅的著作中,编者对原文内容做补充、解释性说明的译注有20个,直译原文的注释9个,对斯诺的英文记述进行校正说明的译注数量则有27个之多。所以,这一版本体现了编者的史学价值观,史实性突出,成为具有文献性的独特版本。

  笔者认为,此书的出版发行与三联书店出版的董乐山译本恰好同一时间,并非纯属巧合。如前所述,吴黎平先生曾亲临董乐山的住处,将他当时做口译的原译稿打印件交给董参考。可见,吴先生了解并关心着当时正在进行的《西行漫记》再版工作，因此他在差不多同一时间组织出版《毛泽东一九三六年同斯诺的谈话》极有可能是希望这一文献性版本，能与董译本相映成辉，为广大读者提供全面的精神食粮。

毛泽东与斯诺进行的这些异常珍贵的谈话，不仅有重大的现实意义，而且有深远的历史意义。它是研究毛泽东同志生平事业、党史、军史和当时国内外形势的极其珍贵的文献。同时，对于毛泽东同志在中国革命实践中，是怎样成为一个伟大的马克思主义者的，是怎样成为我党我军的领袖的，以及毛泽东思想又是怎样在中国革命的实践斗争中产生和逐步形成的，它确实提供了可信的第一手研究材料。（梅竹，1980）尽管初版印数不大，只有5000，但作为一种文献性版本，自有其难以取代的独特价值，故翌年2月旋即再版。

5.5.2 "文革"价值观的博弈

由上可知，这一《红星照耀中国》节译版本是史学性较强、文献性突出的版本。但同时，编者吴黎平也受到了"文革"时期政治价值观的影响，本书体现了史学价值观与"文革"价值观的博弈。史学价值观体现在编者始终尊重事实，力求准确，从而使得这一版本成为具有文献性意义的版本。"文革"价值观的影响体现在编者在"前言"表明的态度。

"文化大革命"时期，对毛泽东的崇拜达到了极点，到处都写着标语，如"伟大的导师、伟大的领袖、伟大的统帅、伟大的舵手"。吴黎平先生在"前言"的开篇亦采用当时"文革"时期流行的"伟大领袖和导师"这一称谓。而如今，这一称谓似乎已不多见。其次，吴认为斯诺的"长征"部分的记述"没有足够地反映毛泽东同志在长征中所起的领导作用，但是看到了长征路上的惊心动魄的斗争"

(吴黎平，1979)。事实上，斯诺关于长征的记述，基本上是根据毛泽东同志的阐述，有若干地方采用了别人提供的一些具体资料，有些评论性的话是斯诺自己的话。如果说他没能"足够地反映毛泽东同志在长征中所起的领导作用"，那也是因为毛泽东同志自己没有在叙述中突出自己的作用。

第6章 结　语

6.1　主要结论

　　由于能够为所有的互动情形提供一个统一的分析框架，博弈论现在已经渐渐成为社会科学研究的一种基本方法。借助博弈论来进行描写翻译研究，对译本构建的历史书写进行分析，是一个较新的研究视角。法国历史学家米歇尔·德·塞尔托在《历史书写》中表明："书写历史，也即要对过去进行梳理和界定，要罗列诸多材料，目的是为当今建立起一种理性；经过在现实社会中多年的发展，历史书写业已成为一种可控的行为意愿，代替了社会实体曾经仰仗的模糊经验。必须注意的是，作为一种行为意愿，历史书写从马基雅维里时代以来便一直受到政权的左右，换句话说，政治规训着历史书写。"（塞尔托，2012："内容简介"）历史上的重大译事与重要译本反映并构建当时的历史，可以视为历史书写的方式之一，所以也同样被政治规训着。

　　《红星照耀中国》是一部美国人写作的关于红色中国的

英文作品，但其汉语译作的影响力甚至超越了原作，是一个"墙外开花墙内香"的作品，所以它是一个具有研究价值的译本。目前，针对这一译本的专题研究少之又少。《红星照耀中国》的各种中译本极大地震撼了中国人民，参与了当时中国历史的书写，因此真正具有历史意义的是各个译本。可以说译作已经超越了原作的生命周期，使原作在中国获得了"来世"，《红星照耀中国》得以重生。因此，研究这些译作是富有意义的，因为研究译作的传播与影响，正是当代翻译研究感兴趣的话题。

本书以《翻译中的博弈与历史书写——〈红星照耀中国〉汉译研究》为题，从博弈论的角度审视翻译，在历史语境中研究译本的面貌，牵涉译本选择的动机、译者的策略选择和观点立场、译事的组织方式、译本发行和接受的社会意义、包括出版者在内的赞助人制度、政府的意识形态管制等层面。通过对这一著作在中国三个不同历史时期的翻译与流传的博弈分析，本研究展现了《红星照耀中国》的翻译所涉各方当事人及其选取的行动和策略、各自的收益支付、博弈结果以及均衡的实现，从而加深了翻译与政治、意识形态的互动关系的理解。

《红星照耀中国》的六个中译本分别参与了当时三个历史时期的历史书写，成为具有历史意义的译本。20世纪30年代抗战时期的译本《外国记者西北印象记》和复社版《西行漫记》是当时各方政治势力的零和博弈结果。在被国民党歪曲和封锁多年之后，共产党的形象和政策终于为世人所知，《外国记者西北印象记》和《西行漫记》为共产党扩大政治影响做了广泛宣传，后者更是被当代学者认为是"影响中国近代社会的一百种译作"之一。1949年新中国成立前夕的译本《长征25000里》和急流出版社版《西行漫记》

的翻译与传播体现了译者的翻译伦理价值观与政治价值观之间的博弈,这两部作品在当时的面世,为新中国的成立做了舆论准备,起到了一定的历史作用。后"文革"时期的三联版《西行漫记》和人民出版社版《毛泽东一九三六年同斯诺的谈话》体现了当时遗留的"文革"价值观影响与史学价值观的博弈,是当时拨乱反正的政治精神的历史反映,前者更是成为了《红星照耀中国》汉译历史上具有里程碑意义的版本。

本研究的意义还在于,海内外的埃德加·斯诺研究如火如荼,历史学、新闻学、国际政治学的研究蔚为大观,从翻译学角度研究斯诺的作品在中国的翻译与传播,是翻译学对斯诺研究的贡献。

6.2　不足之处

本书借鉴博弈论的视角,探讨《红星照耀中国》各译本中体现的博弈,将博弈论的思想应用于翻译研究是一个相当新的领域,属于研究冷门。国外的此类研究最早只能追溯到20世纪60年代末,捷克学者列维所著的《翻译是一个做选择的过程》(1966)一文可谓是最早将博弈论的观点应用于翻译研究的例子。在列维之后,则少有学者致力于翻译博弈论的系统研究。笔者所搜集到的最新的研究仅限于格雷女士1994年出版的符号学专著中的相关章节。此后翻译博弈论研究中是否又有新的成果问世,作者尚不确知。因此本书在对国外翻译博弈论研究进行述评借鉴时,在国外最新的研究成果方面只恐多有疏漏。

此外,本书的研究方法以逻辑推理和定性分析为主,虽然对各种博弈的体现方式以及博弈方的各种策略进行了详述，但没有借用二价矩阵等常见的博弈论工具来对各个译本的传播与翻译过程中体现的博弈进行演示，因此，在论证力度上难免有不足之嫌，亟待定量分析研究予以补充。目前，翻译博弈论的研究无论在国内还是国外都还属于起步阶段，已经获得的成果非常有限，能够参考的资料也寥寥无几。因此，本书在理论框架的完整性、客观性方面必定多有不足，是作者未来要致力改善的方向。

6.3　努力方向

　　立足于上述的不足之处，在今后的研究中笔者将致力于加大文献搜索的力度，充分掌握最新资料，深化对于博弈论与翻译关系的理解，大力挖掘这一研究方向的潜力。此外，在本研究基础上扩展对斯诺作品的翻译研究，充分发掘史实，以期对翻译史研究做出贡献。

参考文献

Althusser, Louis. *For Marx*. trans. by Ben Brewster. London: NLB, 1977.

Althusser, Louis. *Essays on Ideology*. London: Verso. 1984.

Alvarez, Roman, and M. Carmen-Africa Vidal. (eds.) *Translation, Power, Subversion*. Clevedon: Multilingual Matters Ltd., 1996.

Bassnett, Susan. *Translation Studies*. (3rd ed.) London & New York: Routledge, 2002.

Bassnett, Susan, and André Lefevere. (eds.) *Translation, History and Culture*. London & New York: Pinter Publishers, 1990.

Bassnett, Susan, and André Lefevere. *Constructing Cultures: Essays on Literary Translation*. Clevedon: Multilingual Matters Ltd., 1998.

Bassnett, Susan, and Harish Trivedi. *Postcolonial Translation: Theory and Practice*. London & New York: Routledge, 1999.

Benjamin, Walter. The Task of the Translator. trans. by H.

Zohn. In Rainer Schulte and John Biguenet. (eds.) *Theories of Translation: An Anthology of Essays from Dryden to Derrida*. Chicago and London: The University of Chicago Press, 1992: 71-82.

Berman, Antoine. The Manifestation of Translation. In S. Heyvaert (ed. & trans.) *The Experience of the Foreign: Culture and Translation in Romantic German*. Albany: State University of New York Press, 1984/1992.

Berman, Antoine. *Toward a Translation Criticism: John Donne*. Ohio: The Kent State University Press, 1995.

Binmore, Ken. *Fun and Games: A Text on Game Theory*. Lexington, Mass.: D. C. Heath, 1992.

Binmore, Ken. *Game Theory: A Very Short Introduction*. New York: Oxford University Press, 2007.

Bottomore, Tom. *A Dictionary of Marxist Thought*. Oxford: Blackwell, 1983.

Dong, Leshan. Edgar Snow and "Red Star Over China". In *China Reconstructs*. 1982 (2).

Eagleton, Terry. *Criticism and Ideology: A Study in Marxist Literary Theory*. London: New Left Books, 1976.

Eagleton, Terry. *Ideology: An Introduction*. London: Verso, 1991.

Eagleton, Terry. *Literary Theory: An Introduction*. (2nd ed.) 北京: 外语教学与研究出版社, 1996.

Even-Zohar, Itamar. The Position of Translated Literature within the Literary Polysystem. *Poetics Today*, 1990, 11 (1): 45-51.

Fairbank, John K. Introduction. In Edgar Snow. *Red Star Over*

China. New York: Random House, 1968.

Fawcett, Percy. Ideology and Translation. In Mona Baker (ed.). *Routledge Encyclopedia of Translation Studies*. London & New York: Routledge, 1998.

Fowler, Roger. *Linguistic Criticism*. Oxford: Oxford University Press, 1996.

Freeden, Michael. *Ideologies and Political Theory*. Oxford: Clarendon Press, 1996.

Fudenberg, Drew, and Jean Tirole. *Game Theory*. Cambridge, Mass.: MIT Press, 1991.

Gentzler, Edwin. *Contemporary Translation Theories*. (Rev. 2nd ed.) Clevedon: Multilingual Matters Ltd., 2001.

Geuss, Raymond. *The Idea of a Critical Theory: Habermas and the Frankfurt School*. Cambridge: Cambridge University Press, 1981.

Gorlée, Dinda L. Translation Theory and the Semiotics of Games and Decisions. In Lars Wollin, and Hans Lindquist (eds.). *Translation Studies in Scandinavia*. Lund: Gleerup, 1986: 96–104.

Gould, Julius. as quoted by Harry M. Johnson in *International Encyclopedia of the Social Sciences*. New York & Farmington Hills: Cengage Gale, 1968.

Gramsci, Antonio. *Selections from the Prison Notebooks*. London: International Publishers Co., 1971.

Gross, Feliks (ed.). *European Ideologies: A Survey of Twentieth Century Political Ideas*. New York: Philosophical Library, 1948.

Hamilton, John Maxwell. *Edgar Snow: A Biography*. Albany:

Louisiana University Press, 2003.

Hatim, Basil, and Ian Mason. *Discourse and the Translator*. London & New York: Longman, 1990.

Heap, Shaun Hargreaves, and Yanis Varoufakis. *Game Theory: A Critical Introduction*. London & New York: Routledge, 1995.

Hermans, Theo (ed.). *The Manipulation of Literature: Studies in Literary Translation*. London & Sydney: Croom Helm, 1985.

Hermans, Theo. *Translation in Systems: Descriptive and System-oriented Approaches Explained*. Manchester: St. Jerome Publishing, 1999.

Korsch, Karl. *Marxism and Philosophy*. London: New Left Books, 1970.

Kuhn, Harold W. (ed.) *Classics in Game Theory*. Princeton: Princeton University Press, 1997.

Lasswell, Harold D. and Abraham Kaplan. *Power and Society*. New Haven: Yale University Press, 1950.

Lefevere, André. Why Waste Our Time on Rewrites? The Trouble with Interpretation and the Role of Rewriting in an Alternative Paradigm. In The Hermans (ed.) *The Manipulation of Literature: Studies in Literary Translation*. London & Sydney: Croom Helm, 1985: 215-243.

Lefevere, André. *Translation, Rewriting, and the Manipulation of Literary Fame*. London & New York: Routledge, 1992.

Lentricchia, Frank and Thomas McLaughlin. (eds.) *Critical Terms for Literary Study*. Chicago: The University of Chicago Press, 1990.

Levy, Jiří. Translation as a Decision Process. In Lawrence Venuti (ed.) *The Translation Studies Reader*. London & New York: Routledge, 2000: 148–159.

Lukacs, Georg. *History and Class Consciousness: Studies in Marxist Dialectics*. Cambridge, MA: MIT Press, 1971.

Macridis, Roy C. *Contemporary Political Ideologies: Movements and Regimes*. Boston: Little Brown, 1986.

Mandela, Nelson. *Long Walk to Freedom*. Boston: Little Brown, 1994.

Mannheim, Karl. *Ideology and Utopia: An Introduction to the Sociology of Knowledge*. New York: Harcourt, Brace & World, 1936.

Mendelson, Elliott. *Introducing Game Theory and Its Applications*. Boca Raton: Chapman & Hall/CRC, 2004.

Morton, Davis. *Game Theory: A Nontechnical Introduction*. New York: Dover Publications, 1997.

Munday, Jeremy. *Introducing Translation Studies: Theory and Applications*. London and New York: Routledge, 2001.

Myerson, Roger B. *Game Theory: Analysis of Conflict*. Cambridge, Mass.: Harvard University Press, 1991.

Newmark, Peter. *Approaches to Translation*. Oxford: Pergamon Press, 1981.

Newmark, Peter. *A Textbook of Translation*. Hemel Hempstead: Prentice Hall, 1988.

Niranjana, Tejaswini. *Siting Translation: History, Post-Structuralism, and the Colonial Context*. Berkeley: University of California Press, 1992.

Ordeshook, Peter C. *Game Theory and Political Theory: An Introduction. New York: Cambridge University Press, 1986.

Osborne, Martin J. *An Introduction to Game Theory*. Shanghai: Shanghai University of Finance and Economics Press, 2005.

Osborne, Martin J. and Ariel Rubinstein. *A Course in Game Theory*. Cambridge: MIT Press, 1994.

Owen, Guillermo. *Game Theory*. New York: Academic Press, 1982.

Plamenatz, John. *Ideology*. London: Pall Mall, 1970.

Pym, Anthony. *Method in Translation History*. Manchester: St. Jerome Publishing, 1998.

Rasmusen, Eric. *Games and Information: An Introduction to Game Theory*. Oxford: Blackwell, 2001.

Robinson, Douglas. *Translation and Empire*. Manchester: St. Jerome, 1997.

Schelling, Thomas. *The Strategy of Conflict*. Cambridge: Harvard University Press, 1980.

Shubik, Martin. *Game Theory in the Social Sciences: Concepts and Solutions*. Cambridge, Mass.: MIT Press, 1984.

Simon, Sherry. *Gender in Translation: Cultural Identity and the Politics of Transmission*. London & New York: Routledge, 1996.

Snell-Hornby, Mary. *Translation Studies: An Integrated Approach*. (Rev. ed.) Amsterdam & Philadelphia: John Benjamins, 1995.

Snell-Hornby, Mary. *The Turns of Translation: New Paradigms or Shifting Viewpoints?* Amsterdam & Philadelphia: John Benjamins, 2006.

Snow, Edgar. *Red Star Over China*. London: Victor Gollancz

Ltd., 1937.

Snow, Edgar. *Red Star Over China*. New York: Random House, 1938.

Snow, Lois Wheeler. *Edgar Snow's China*. New York: Random House, 1981.

Spivak, Gayatri Chakravorty. *Outside in the Teaching Machine*. London & New York: Routledge, 2008.

Stahl, Saul. *A Gentle Introduction to Game Theory*. Providence, R. I.: American Mathematical Society, 1999.

Sumner, Colin. *Reading Ideologies: An Investigation into the Marxist Theory of Ideology and Law*. London: Academic Press, 1979.

Tadelis, Steven. *Game Theory: An Introduction*. Princeton: Princeton University Press, 2012.

Thompson, John B. *Studies in the Theory of Ideology*. Cambridge: Polity Press, 1984.

Thompson, John B. *Ideology and Modern Culture: Critical Social Theory in the Era of Mass Communication*. Stanford: Stanford University Press, 1990.

Toury, Gideon. *Descriptive Translation Studies and Beyond*. Amsterdam and Philadelphia: John Benjamins, 1995.

Tymoczko, Maria. *Enlarging Translation, Empowering Translators*. Manchester: St. Jerome, 2007.

Tymoczko, Maria and Edwin Gentzler. (eds.) *Translation and Power*. Amherst: University of Massachusetts Press, 2002.

Venuti, Lawrence. *Rethinking Translation: Discourse, Subjectivity, Ideology*. London & New York: Routledge, 1992.

Venuti, Lawrence. *The Translator's Invisibility: A History of*

Translation. London & New York: Routledge, 1995.

Venuti, Lawrence. Translation and the Formation of Cultural Identities. In Christina Schaffner and Helen Kelly-Holmes. (eds.) *Cultural Functions of Translation.* Clevedon: Multilingual Matters Ltd., 1996.

Venuti, Lawrence. *The Scandals of Translation: Towards an Ethics of Difference.* London & New York: Routledge, 1998.

Venuti, Lawrence. *The Translation Studies Reader.* London and New York: Routledge, 2000.

Webster's Third International Dictionary, as quoted by Harry M. Johnson in *International Encyclopedia of the Social Sciences* (Vol. 7). New York & Farmington Hills: Cengage Gale, 1968.

White, Theodore. Mao's Columbus. *Time*, Feb. 28, 1972.

Williams, Jenny, and Andrew Chesterman. *The Map: A Beginner's Guide to Doing Research in Translation Studies.* Manchester: St. Jerome Publishing, 2002.

Zagare, Frank C. *Game Theory: Concepts and Applications.* Beverly Hills: Sage Publications, 1984.

阿尔都塞. 意识形态和意识形态国家机器 [J]. 李迅, 译. 当代电影, 1987 (3-4).

白夜. 同路易·艾黎对话 [J]. 新闻战线, 1980 (4).

贝尔登. 中国震撼世界 [M]. 邱应觉, 等, 译. 北京: 北京出版社, 1980.

本刊编辑部. 作者胡愈之同志生平 [J]. 出版史料, 1986 (6).

曹成章. 寻找钱公侠 [J]. 出版史料, 2010 (4).

曹敏. 周恩来数次遇险经过 [J]. 文史精华, 2012 (1).

陈春莉. Red Star Over China 三个中译本的比较研究 [D].
　　重庆：重庆大学外国语学院，2009.
陈青生. 抗战时期上海的外国文学译介 [J]. 新文学史料，
　　1997（4）.
陈漱渝.《西行漫记》的成就和疵点 [J]. 齐齐哈尔师范学
　　院学报，1989（3）.
陈先初. 从安内攘外到联共抗日：局部抗战时期国民政府内
　　外政策述评 [J]. 抗日战争研究，1992（2）.
戴文葆. 胡愈之译文集 [M]. 南京：译林出版社，1999.
道奇. 哈佛大学的博弈论课 [M]. 李莎，胡婧，洪漫，译.
　　北京：新华出版社，2013.
丁晓平. 毛泽东和美国人的第一次亲密接触 [N]. 北京青
　　年报，2002 - 7 - 22.
丁晓原. 文化生态视镜中的中国报告文学 [M]. 上海：复
　　旦大学出版社，2008.
董乐山. 斯诺和他的《红星照耀中国》[M]//刘少群. 纪念
　　埃德加·斯诺. 北京：新华出版社，1984：165 - 168.
董乐山，李辉. 董乐山文集 [M]. 石家庄：河北教育出版
　　社，2001.
伊萨克斯. 美国的中国形象 [M]. 于殿利，陆日宇，译.
　　北京：时事出版社，1999.
樊军，郑志军. 翻译中的博弈：归化与异化 [J]. 宜宾学院
　　学报，2007（10）.
樊希安. 从红色出版中心到学术文化出版重镇——党领导下
　　的三联书店革命出版历史回顾 [J]. 中国出版，2011
　　（13）.
费小平. 翻译的政治——翻译研究与文化研究 [M]. 北京：
　　中国社会科学出版社，2005.

费正清. 观察中国 [M]. 傅光明, 译. 北京: 世界知识出版社, 2001.

冯绍霆. 有关复社的两件史料 [J]. 历史档案, 1983 (4).

甘慧杰. 论孤岛时期日本对上海公共租界行政权的争夺 [J]. 档案与史学, 2001 (6).

龚文庠. 百年斯诺 [M]. 北京: 北京大学出版社, 2006.

辜正坤. 翻译理论著作序文三篇 [J]. 中国翻译, 2004 (2).

海伦·福斯特·斯诺, 等. 斯诺怎样写作 [M]. 尹均生. 武汉: 湖北人民出版社, 1986.

韩静. 翻译博弈论概述 [J]. 语文学刊, 2009 (4).

韩燕琴. 翻译博弈的收益与策略 [J]. 湖南医科大学学报, 2009 (6).

汉密尔顿. 埃德加·斯诺传 [M]. 沈蓁, 等, 译. 北京: 学苑出版社, 1990.

赫曼斯. 翻译的再现 [C]//谢天振. 翻译的理论建构与文化透视. 上海: 上海外语教育出版社, 2000: 12-13.

胡德华. 胡仲持的编辑生涯 [J]. 出版史料, 1991 (4).

胡芳毅, 贾文波. 外宣翻译: 意识形态操纵下的改写 [J]. 上海翻译, 2010 (1).

胡若雨. 嵌入的政治: 意识形态的本质、机制与实践 [J]. 求索, 2013 (8).

胡愈之. 胡愈之谈《西行漫记》中译本翻译出版情况 [J]. 读书, 1979a (1).

胡愈之.《西行漫记》中文重译本序 [M]//斯诺. 西行漫记. 董乐山, 译. 北京: 生活·读书·新知三联书店, 1979b.

胡愈之. 我的回忆 [M]//胡愈之. 胡愈之出版文集. 北京:

中国书籍出版社，1997：495-576.

黄华. 在北京纪念斯诺逝世十周年大会上的发言 [C]//刘力群. 纪念埃德加·斯诺. 北京：新华出版社，1984.

季广茂. 意识形态视域中的现代话语转型与文学观念嬗变 [M]. 北京：北京大学出版社，2005a.

季广茂. 意识形态 [M]. 桂林：广西师范大学出版社，2005b.

江沛，纪亚光. 毁灭的种子——国民政府时期意识形态管理研究 [M]. 西安：陕西人民教育出版社，2000.

姜秋霞. 社会意识形态与外国文学译介转换策略——以狄更斯的《大卫·考坡菲》的三个译本为例 [J]. 外国文学研究，2006（4）.

蒋骁华. 意识形态对翻译的影响——阐发与新思考 [J]. 中国翻译，2003（5）.

柯飞. 译史研究，以人为本——谈皮姆《翻译史研究方法》[J]. 中国翻译，2002（5）.

柯灵. 关于孤岛文学 [C]//柯灵. 长相思. 香港：生活·读书·新知三联书店，1983：207-211.

柯鲁克. "红星"指引我国中国来 [C]//中国史沫特莱、斯特朗、斯诺研究会. 《西行漫记》和我. 北京：国家文化出版公司，1991.

拉铁摩尔. 序 [M]//贝尔登. 中国震撼世界. 北京：北京出版社，1980.

兰德. 走进中国 [M]. 李辉，应红，译. 北京：文化艺术出版社，2001.

李辉. 董乐山文集 [M]. 石家庄：河北教育出版社，2001.

李晶. 翻译与意识形态：《水浒传》英译本不同书名成因探析 [J]. 外语与外语教学，2006（1）.

李双玲. 从博弈论看译事过程中译者"一仆二主"的地位[J]. 广东外语外贸大学学报, 2012（3）.

林化平. 翻译研究博弈论[J]. 疯狂英语教师版, 2007（9）.

梁乐园. 论翻译中的译者博弈[J]. 怀化学院学报, 2012（1）.

梁志芳. 翻译·文化·复兴：记上海"孤岛"时期一个特殊翻译机构"复社"[J]. 上海翻译, 2010（1）.

梁志芳. 赛珍珠与斯诺的中国知音：翻译家胡仲持研究[J]. 山东外语教学, 2012（2）.

刘禾. 语际书写：现代思想史写作批判纲要[M]. 上海：上海三联书店, 1999.

刘惠吾. 上海近代史：下[M]. 上海：华东师范大学出版社, 1987.

刘力群. 纪念埃德加·斯诺[M]. 北京：新华出版社, 1984.

鲁迅. 1936年1月8日致郑振锋的信[M]//鲁迅. 鲁迅全集. 北京：人民文学出版社, 1981.

罗国强. An Analysis of the Translation of *Red Star Over China* in light of Lefevere's Rewriting Theory[D]. 合肥：中国科学技术大学人文与社会科学学院, 2010.

罗选民. 意识形态与文学翻译：论梁实秋的翻译实践[J]. 清华大学学报（哲学社会科学版）, 2006（1）.

吕俊. 论翻译研究的本体回归[J]. 外国语, 2004（4）.

吕俊. 意识形态与翻译批评[J]. 外语与外语教学, 2008（2）.

吕俊.《文本意识形态批评分析及其翻译研究》"序"[M]//孙志祥. 北京：中国社会科学出版社, 2009.

参考文献

马克思, 恩格斯. 德意志意识形态［M］//马克思, 恩格斯. 马克思恩格斯全集: 卷3, 北京: 人民出版社, 1972.

马克思, 恩格斯. 共产党宣言［M］//马克思, 恩格斯. 马克思恩格斯全集: 卷1, 北京: 人民出版社, 1972.

毛思慧.《翻译, 权力, 颠覆》导读［M］. 北京: 外语教学与研究出版社, 2007.

梅竹. 读《毛泽东一九三六年同斯诺的谈话》［J］. 读书, 1980（7）.

南旭光. 博弈与决策［M］. 北京: 外语教学与研究出版社, 2012.

潘华凌. 翻译: 博弈的过程［J］. 宜春学院学报, 2008（1）.

彭雪莉. 翻译策略中的归化与异化之博弈［J］. 科教导刊（中旬刊）, 2010（5）.

裘克安. 斯诺在中国［M］. 北京: 生活·读书·新知三联书店, 1982.

塞尔托. 历史书写［M］. 倪复生, 译. 北京: 中国人民大学出版社, 2012.

赛珍珠. 亚洲书览［J］. 亚洲, 1938（3）.

上海社会科学院文学研究所. 上海"孤岛"文学回忆录［M］. 北京: 中国社会科学出版社, 1984.

沈昌文. 八十溯往［M］. 北京: 海豚出版社, 2011.

斯诺. 西行漫记［M］. 王厂青, 林淡秋, 等, 译. 上海: 复社, 1938.

斯诺. 西行漫记［M］. 亦愚, 译. 上海: 急流出版社, 1949a.

斯诺. 长征25000里［M］. 史家康, 顾水笔, 赵一平, 张其韦, 祝凤池, 王念龙, 合译. 上海: 启明书局,

1949b.

斯诺. 西行漫记［M］. 王厂青, 林淡秋, 等译. 北京: 生活·读书·新知三联书店, 1960.

斯诺. 西行漫记［M］. 董乐山, 译. 北京: 生活·读书·新知三联书店, 1979.

斯诺. 斯诺文集［M］. 重庆: 新华出版社, 1984.

斯诺. 红星照耀中国［M］. 李方准, 梁民, 译. 石家庄: 河北人民出版社, 1992.

斯诺, 易人. 斯诺致姚克父女书简［J］. 新文学史料, 1993（3）.

施乐. 外国记者西北印象记［M］. 王福时, 等, 译. 北平, 1937.

宋原放, 孙颙. 上海出版志［M］. 上海: 上海社会科学院出版社, 2000.

苏文光. 抗战文学概论［M］. 重庆: 西南师范大学出版社, 1985.

孙华. 埃德加·斯诺: 向世界见证中国［M］. 北京: 北京大学出版社, 2011a.

孙华. 埃德加·斯诺与中国［J］. 新闻战线, 2011b（7）.

孙华, 王芳. 埃德加·斯诺研究［M］. 长沙: 湖南师范大学出版社, 2012.

孙艺风. 翻译研究与意识形态: 拓展跨文化对话的空间［J］. 中国翻译, 2003（5）.

谭晖. 翻译: 非零和多人博弈［J］. 西南科技大学学报, 2012（3）.

汤萁. 当今中国的翻译政治［D］. 上海: 上海外国语大学, 2004.

王斌. 翻译与博弈［J］. 上海理工大学学报（社会科学

版),2004(2).

王东风. 一只看不见的手:论意识形态对翻译实践的操纵[J]. 中国翻译,2003(5).

王东风.《翻译与权力》导读[M]. 北京:外语教学与研究出版社,2007.

王福时. 一九三七年《外国记者西北印象记》翻译出版史话[J]. 出版史料,2006(4).

王福时. 我陪海伦·斯诺访延安[J]. 百年潮,2002(12).

王静,周平. 意识形态对辜鸿铭翻译的操控[J]. 外语学刊,2010(2).

王鹏飞. "孤岛"时期文学期刊研究[D]. 上海:华东师范大学中国语言文字系,2006.

王晓元. 意识形态与文学翻译的互动关系[J]. 中国翻译,1999(2).

王辛笛. 辛笛集:第四卷·夜读书记[M]. 缪克构,编. 上海:上海人民出版社,2012.

王宜秋. 毛泽东与中国大国地位的确立:从抗日战争、解放战争、抗美援朝谈起[J]. 红旗文稿,2013(24).

王友贵. 意识形态与20世纪中国翻译文学史(1899—1979)[J]. 中国翻译,2003(5).

韦尔斯. 续西行漫记[M]. 胡仲持,等,译. 北京:生活·读书·新知三联书店,1960.

魏龙泉.《外国记者西北印象记》出版的真相[J]. 百年潮,2004(10).

文军,林芳. 意识形态和诗学对译文的影响:以《西风颂》的三种译诗为例[M]. 外语教学,2006(5).

文军,王晨爽. 抗战时期外国报告文学在中国的译介[J]//国际译联第四届亚洲翻译家论坛论文集,北京:2005.

沃勒斯坦. "书写历史"［C］//陈启能，倪为国. 书写历史：第一辑. 上海：上海三联书店，2002.

武二芳. 翻译策略的博弈分析［D］. 合肥：合肥工业大学外国语学院，2012.

邬国义. 毛泽东与无政府主义：从《西行漫记》的一处误译谈起［J］. 史林，2007（2）.

吴黎平.《毛泽东一九三六年同斯诺的谈话》"前言"［M］. 北京：人民出版社，1979.

吴莎，屠国元. 论中国近代翻译选材与意识形态的关系（1840—1919）［J］. 外语与外语教学，2007（11）.

吴松江. 斯诺的语言风格浅析［J］. 外国文学研究，1988（7）.

萧乾. 斯诺与中国新文艺运动：记《活的中国》［J］. 新文学史料，1978（1）.

谢天振. 论译学观念现代化［J］. 中国翻译，2004（1）.

许宝强，袁伟. 语言与翻译的政治［M］. 北京：中央编译出版社，2001.

许广平.《鲁迅全集》编校后记［M］//鲁迅. 鲁迅全集. 上海：复社，1938.

许钧. 翻译论［M］. 武汉：湖北教育出版社，2003.

许钧，袁筱一. 当代法国翻译理论［M］. 武汉：湖北教育出版社，2001.

徐炜. 从 *Red Star Over China* 四个中译本看意识形态对文学翻译的影响［D］. 苏州：苏州大学外国语学院，2011.

杨光斌. 政治学原理［M］. 北京：中国人民大学出版社，1998.

杨柳. 翻译诗学与意识形态［M］. 北京：科学出版社，2010.

杨幼生，陈青生. 上海"孤岛"文学［M］. 上海：上海书店，1994.

尹均生. 斯诺在美国新闻史上的地位［J］. 中国记者，1988（8）.

尹均生，安危. 埃德加·斯诺［M］. 北京：人民日报出版社，1996.

于洁. 从意识形态操纵角度看鲁迅之文学翻译论［J］. 外语与外语教学，2007（2）.

郁进. 冯宾符与《世界知识》［J］. 出版史料，1984（12）.

余玮. 周恩来认定终生伴侣的标准［J］. 共产党员，2014（12）.

俞吾金. 意识形态论［M］. 上海：上海人民出版社，1993.

于友. 胡愈之传［M］. 北京：新华出版社，1993.

查明建. 文化操纵与利用：意识形态与翻译文学经典的建构：以20世纪五六十年代中国的翻译文学为研究中心［J］. 中国比较文学，2004（2）.

张波. 试述解放战争时期的国共关系［J］. 北华大学学报（社会科学版），1993（4）.

张克明. 国民党政府对斯诺著作的查禁［J］. 复旦学报，1985（1）.

张南峰. 中西译学批评［M］. 北京：清华大学出版社，2004.

张首映. 西方二十世纪文论史［M］. 北京：北京大学出版社，1999.

张维迎. 博弈论与信息经济学［M］. 上海：上海三联书店，1996.

张小鼎.《西行漫记》在中国：《红星照耀中国》几个重要中译本的流传和影响［J］. 出版史料，2006a（1）.

张小鼎. 永远的"红星"在世界闪耀: 纪念斯诺百年华诞[J]. 鲁迅研究月刊, 2006b (11).

张秀琴. 政治意识形态的理论、制度与实践[J]. 北京大学学报 (哲学社会科学版), 2007 (4).

赵璧. 博弈论视角下的重译者策略空间[D]. 上海: 上海外国语大学英语学院, 2012.

郑振铎. 记复社[M]//郑振铎. 郑振铎文集: 第三卷. 北京: 人民文学出版社, 1983.

中共中央文献研究室. 毛泽东选集: 第2版[M]. 北京: 人民出版社, 1991.

中国大百科全书出版社编辑部. 中国大百科全书: 新闻出版[M]. 北京: 中国大百科全书出版社, 2004.

中国史沫特莱、斯特朗、斯诺研究会. 《西行漫记》和我[C]. 北京: 国际文化出版公司, 1991.

邹振环. 抗战时期的翻译与战时文化[J]. 复旦学报 (社会科学版), 1994 (3).

邹振环. 影响中国近代社会的一百种译作[M]. 北京: 中国对外翻译出版公司, 1996.

邹振环. 20世纪上海翻译出版与文化变迁[M]. 南宁: 广西教育出版社, 2000.

佐佐木信男. 斯诺帮助我认识中国[C]//中国史沫特莱、斯特朗、斯诺研究会. 西行漫记和我. 北京: 国际文化出版公司, 1991.

网络文献

1. 人事事迹/李放/近现代著名翻译[EB/OL]. 百度百科. http://baike.com/wiki/李放. 访问时间: 2019-7-23.
2. 李华春[EB/OL]. 百度百科. https://baike.com/item/

李华春. 访问时间：2019 - 7 - 23.

3. 《西行漫记》标志着西方对中国的了解进入新时代［EB/OL］. 中国文明网. http://www.wenming.cn/qmyd_pd/sp/201102/t20110224_96277.shtml. 访问时间：2018 - 8 - 18.

4. 《东方杂志》——近现代史的资料库［EB/OL］. http://www.cp.com.cn/ht/newsdetail.cfm?iCntNo = 570. 访问时间：2017 - 8 - 23.

5. 中华读书报［EB/OL］. 光明网. http://www.gmw.cn/01ds/2001 - 04/25/06 - 476A10C792 F198EE48256A390003B16F.html. 访问时间：2016 - 5 - 26.

6. 傅东华［EB/OL］. 百度百科. http://baike.baidu.com/item/傅东华/10969044?fr = aladin. 访问时间：2017 - 8 - 11.

7. 总编辑邵宗汉［EB/OL］. 光明网. www.gmw.cn/history/2007 - 12/24/content_933737.html. 访问时间：2017 - 7 - 11.

8. 学界泰斗梅益［EB/OL］. 潮州日报数字报. www.chaozhoudaily.com/czrb/html/2019 - 07/14/content_1835341.html. 访问时间：2016 - 11 - 21.

9. 《西行漫记》经久不衰主要在于其高度的历史真实性［EB/OL］. 中国文明网. http://www.wenming.cn/qmyd_pd/sp/201102/t20110225_97026. 访问时间：2011 - 02 - 25.

10. 《长征》还原波澜壮阔的长征故事［EB/OL］. 光明网. http://www.gmw.cn/content/2006 - 09/28/content_486917.html. 访问时间：2016 - 11 - 25.

11. 中朝关系概况［EB/OL］. 环球网. http://china.huanqiu.com/roll/2009 - 09/591354.html. 访问时间：2016 - 12 - 25.

后　　记

　　我从初中开始学习英语，此后以英语作为本科、硕士、博士阶段所学专业，以教授英语为职业，英语乃本人最为持久的人生爱好。回顾这三十年与英语朝夕相处的经历，尤为感念师恩。启蒙老师何辉英和蔼可亲，让年少懵懂的我喜欢上了英语。高三阶段的丁志文老师英俊儒雅，让我立志以英语为专业。大学时代的刘明景和张俊老师，方法得当，严格要求，助我奠定了英语的基本功。萧立明教授领我进入英语学术研究的大门，进入翻译学研究的广阔天地。2008年秋，我进入中山大学攻读博士学位，师从王东风教授。导师知识渊博，循循善诱，他深刻的学术思想、严谨的治学精神和良好的导师风范为我树立了终生学习的榜样。在他的指导下，我广泛涉猎文论、语言学、哲学书籍，聆听王宾、戴凡教授的精彩授课，谨记导师对读书报告所做的详细点评以及面对面的指点迷津，领会答辩委员高文平先生、邓志辉师姐在开题报告以及预答辩上的中肯意见，终于在2014年完成博士学位论文的写作并通过答辩，形成了今日一书的初稿。毕业后我对论文中的不同分课题进行了更为细致的研究，于2015年申请到了广东省哲学社会科学规划项目基金，目前已提交结项申请。

  己亥夏日，我鼓起勇气将这一成果完善并出版，多亏了广东财经大学陈冬纯教授、彭荣教授、胡红辉副教授，深圳大学张广奎教授，中山大学出版社熊锡源先生。他们的鼎力支持和无私帮助使我成为一本充满铅印文字墨香的书之作者，一个我从小就认为神圣无比的称号。希望这一微不足道的小小成就能让年迈的父母稍感欣慰，让尚读小学的儿子引以为荣。

  图书出版，犹如十月怀胎，一朝分娩，虽然师友亲人百般呵护，作者尽心竭力，然而，新生儿总是孱弱、不成熟的。书中如有疏漏，责任全在作者；在此，我恳请读者、方家不吝赐教。

阳　鲲

2019 年 8 月 23 日